财富传奇

亿万富豪们的第一桶金

—— 李　丹◎编著 ——

当代世界出版社

责任编辑：梁晓朝　任　远
封面设计：回归线视觉传达

图书在版编目（CIP）数据

财富传奇/李丹编著．—北京：当代世界出版社，
2011.6
ISBN 978-7-5090-0740-2

Ⅰ．①财…　Ⅱ．①李…　Ⅲ．①商业经营－经验
Ⅳ．①F715

中国版本图书馆 CIP 数据核字（2011）第 090104 号

出版发行：当代世界出版社
地　　址：北京市复兴路 4 号（100860）
网　　址：http：//www．worldpress．com．cn
编务电话：(010) 83907332
发行电话：(010) 83908410（传真）
　　　　　(010) 83908408
　　　　　(010) 83908409
经　　销：全国新华书店
印　　刷：北京建泰印刷有限公司
开　　本：787 毫米×1092 毫米　1/16
印　　张：14.5
字　　数：252 千字
版　　次：2011 年 9 月第 1 版
印　　次：2011 年 9 月第 1 次
书　　号：ISBN 978-7-5090-0740-2
定　　价：29.80 元

如发现印装质量问题，请与承印厂联系调换。
版权所有，翻印必究，未经许可，不得转载！

前　言

传奇背后的真实人生

财富新贵、内地首富、世界上最年轻的富豪……这些耀眼的标签总能吸引人们好奇的目光。我们感叹那些商界才子的智慧，垂涎他们的财富，羡慕他们的成就，把他们的故事当作一个个财富传奇。

但是，如果我们真正了解了他们以后，就会发现，其实，他们那曲折、失败之后绝地反击的人生经历才是造就传奇的真正原因。

今天，我们看到马云在众人面前侃侃而谈，可他也经历过两次创业的失败；一只QQ小企鹅就能为腾讯带来滚滚财富，可是，谁也没想到当初腾讯陷入困境时，马化腾甚至想把QQ卖掉；很多人对"影视大鳄"邓建国"暴发户"式的形象嗤之以鼻，但我们不得不佩服他那种什么都不懂就敢拍电影的勇气。

失败、彷徨、迷茫、无助……但他们都凭着坚忍不拔的意志坚持了下来，并最终取得了万人瞩目的成就。

每一个企业家的成长都不是一帆风顺的，他们之所以能成功，很多时候是因为他们的勇气，敢在机会面前大胆出手，抓住机遇，然后坚定地朝着目标前进，用自己的勇气和才华成就了璀璨的人生。

1988年海南刚刚建省的时候，就有那么一批人大胆出手，抓住了这个大好时机。SOHO中国董事长潘石屹在到海南之前只是个机关公务员；万通董事局主席冯仑瞄准时机，将多年的改革理论成功地运用到了在海南的创业实践当中；万科董事会主席王石也在这个千载难逢的机遇到来时，放弃了优越的工作，走上了创业之路。

"春晚"的小品王赵本山不仅自己是个著名演员，而且，他的影视传媒公司更是把他提升到了亿万富翁的行列。可是，谁也没有想到，他的第一桶金竟然来自黑煤炭，这也是因为他看到了当时的商机。

有不少人感叹"有才华不能当饭吃"，但是，有很多人的第一桶金就是

凭借自己的才华得来的。奥普拉才智过人，从一个问题少女到一代"心灵女王"，从一个脱口秀主持人到传媒帝国缔造者，她的人生一次次华丽转身，而这一切都是因为她有一副绝佳的口才。

由此，我们就会明白，所谓的亿万身家，并不是简单的货币符号，它反映的是一个人的聪明才智、人生态度和生活理念。

如何收获人生的第一桶金，完成创业之初的原始积累？

本书收录了很多商界才子收获第一桶金的故事，他们出身不同、性格各异，他们收获第一桶金的经历曲折动人，扣人心弦。

从他们身上，可以领略到他们掘取第一桶金时的魅力，也能看到他们独特的个性特征、敏锐的商业意识、千差万别的经营谋略，以及弘扬商业精神、推动社会进步的主人翁精神。

也许，他们挖掘的第一桶金你不能复制，但是，他们成功收获第一桶金的方法却是可以复制的。

目　录

第一章　制造业大亨的第一桶金

制造业是国家经济的重要依托，也代表着一个国家的国际竞争力，很多商界巨人如技术狂人王传福、经营之神松下幸之助等，他们的第一桶金都是来自于制造业。

抱有理想的他们在遭遇风雨时，从不轻言放弃……他们凭借着勤劳的双手、聪慧的大脑、坚强的意志，收获人生的第一桶金。事业的扩大，也让他们成为了商界的佼佼者。

每一个企业家都拥有着自己的故事，虽然，他们所面对的困难不同，但相同的是他们都成功地战胜了困难，赢得了掌声。

第二章 抢占服务业的制高点

服务业是一个国家实现经济增长的重要形式，也是经济增长的主要推动力。如果有人能够抢占了服务业的制高点，他们就会成功收获颇为丰厚的第一桶金。

众多的"财神"，他们正是凭借其独有的魅力和经营智慧，抢占了服务业的一个制高点，才获得了如今的成就。

他们或是白手起家，或是接手亏损多年的烂摊子，或是抓住一个机会……凭借着不怕吃苦和不服输的精神，他们在激烈的竞争中收获了人生的第一桶金，并借着第一桶金的台阶，走向了自己的理想王国。

第三章 信息时代的创富神话

信息产业的兴起是人类有史以来最大的一次产业革命，它以排山倒海之势改变了整个社会的产业结构和社会财富的分配模式。

时至今日，由这场产业革命衍生而来的新兴产业仍像一台不停歇的造富机器，那些拥有前瞻性视野的人，用自己的智慧，把这块崭新的土地当成试验场，开始缔造自己的创富神话。

他们是信息时代的弄潮儿，是新兴产业的开拓者，是财富神话的缔造者，他们眼光独到，思维敏捷，意志坚定，他们用自己的实际行动为我们诠释了信息时代的真正内涵。

第四章　房地产精英的掘金地图

　　改革开放30多年来，推动中国经济迅猛发展的最主要原因不外乎两种：中国制造的鼎盛，与房地产业为龙头的"土地经济"。前者宣告了工业时代的来临，后者则体现了土地这一生产资料的恒久价值。

　　在中国房地产市场刚刚形成的时候，许许多多小人物敏感地觉察到了房地产市场巨大的商机，他们在众人尚未"苏醒"的时候，抓住了机会。

　　没有经验可查，没有模式可循，他们就像探路者，在黑暗中摸索前进。

　　如今，我们在津津乐道于这些房地产精英的传奇故事，并试图找到他们掘到第一桶金的秘诀时就会发现，其实，他们是在历尽曲折，突破重重困难之后才创造了财富传奇。

第五章　文艺界的商业传奇

改革开放以后，经商的大潮席卷全国，市场经济的财富观念冲击着国人的传统观念，商业化也不可避免地在"文化人"身上打上烙印，这些"文化人"不再沉迷于舞文弄墨，自娱自乐，他们运用自己敏锐的商业直觉，开始在商海打拼。

他们靠经商积累了人生的第一桶金，也开启了自己的财富人生，但他们并非单纯的商人，他们骨子里仍透着文化人的气质，并把发扬文化作为人生的追求。

第一章　制造业大亨的第一桶金

制造业是国家经济的重要依托，也代表着一个国家的国际竞争力，很多商界巨人如技术狂人王传福、经营之神松下幸之助等，他们的第一桶金都是来自于制造业。

抱有理想的他们在遭遇风雨时，从不轻言放弃……他们凭借着勤劳的双手、聪慧的大脑、坚强的意志，收获人生的第一桶金。事业的扩大，也让他们成为了商界的佼佼者。

每一个企业家都拥有着自己的故事，虽然，他们所面对的困难不同，但相同的是他们都成功地战胜了困难，赢得了掌声。

平民宗庆后：
打造制造业第一自主品牌娃哈哈

金融危机后，他进入了福布斯富豪榜，成了中国大陆新首富！他被人们称为是"中国饮料航母的掌航者"、是"中国经营大师"。

他凭借着一腔热血白手起家，通过坚持不懈地努力，创造了中国制造业第一自主品牌"娃哈哈"。

他——就是娃哈哈集团的董事长兼总经理宗庆后。

宗庆后是一位以卖水发家的富豪，他被公认为是"中国亿万劳动者的杰出代表"。但就是这样一位"劳模"，却创造了一次又一次的奇迹。2009年，他就是靠着1元1元的积累，赚到了126个亿。而中国钢铁企业的龙头，一年的利润才只是72个亿。

一、"饮料大王"的发家史

宗庆后于1945年10月12日出生在江苏省宿迁市东大街，其祖父是张作霖手下的财务部长，这曾使他的家族显赫一时。不过，好景不长，后来宗庆后的家庭就变得非常贫穷了。宗庆后的父亲找不到工作，家里兄妹5人，仅凭在小学当老师的母亲维持生计。

宗庆后初中毕业后，为了减轻家庭负担，只好辍学打工，为的就是能挣到一点工钱，添补家用。

宗庆后先在农场打工，几年后，又辗转到绍兴的一个茶场种茶，默默地耕耘只为一天三顿饱饭。

在梦想让宗庆后感觉到遥不可及的时候，宗庆后依然会在饭后、睡前，想着以后要做一些什么样的事情，能让自己出人头地。那个时候他脑袋里有各种各样的设想，但随着知青下乡的号召，宗庆后成了知青中的先遣人员。

在茶场种茶，在海滩上挖盐、晒盐、挑盐，在田地里割稻，在窑场烧

窖，生活中的种种苦楚和辛酸没有难倒宗庆后，他和当时的青年一样，始终怀揣着各种梦想，但始终如一的枯燥生活给他心里蒙上了一层灰暗，四处找书看，则成了他的最大精神寄托。

15年的农村生活，吞噬了他美好的青春时光，等宗庆后再次返城时，他已经33岁了。33岁的他成为了校办厂的推销员，随后的10年间他辗转于几家校办企业，不甘心和不得志使得这个42岁的中年男子，痛下决心开始自己创业。

宗庆后先从经营校办企业的经销部开始，逐渐发展到与人合作，最后终于办起属于自己的产品——娃哈哈儿童营养液，良好的市场反响，打开了宗庆后的事业之门。1991年，娃哈哈过亿的销量成为当时的神话。

尽管如此，宗庆后并未满足现状，他以8000万元的高价兼并了资不抵债的杭州罐头食品厂，而且留下了原厂的工作人员。为了让这些工人有活干，为了让自己刚有起色的事业能在竞争日益激烈的环境下继续大踏步前进，宗庆后开发出了广受欢迎的娃哈哈果奶。

多元化的横向发展让宗庆后在激烈的竞争中尝到了甜头，宗庆后又从外国引进多条生产线。宗庆后大胆的尝试和果断的魄力，使得他在市场中抢占了先机。

时至今日，娃哈哈已经在全国58个生产基地建有将近150家分公司，员工人数多达3万，而且拥有300多条生产线，生产茶、纯净水、果汁饮料、碳酸饮料等100多个品种的产品。娃哈哈集团已连续12年领跑中国饮料行业。宗庆后本人也被人们称为"中国经营大师"。

二、"水"里流淌的第一桶金

有时候苦难也是一种"神的恩典"，宗庆后自幼家庭贫困，15年的艰辛磨砺没有动摇宗庆后的斗志，反而使宗庆后身上有一种特有的勤奋和吃苦的精神。

1978年，33岁的宗庆后随大批返城的知青回到了杭州，在校办厂找到了一个推销员的工作。

当推销员的时候，他一直努力工作，推销产品。可是，10年过去了，人到中年的宗庆后，在事业上仍然没有半点起色，这令他十分不甘心。最后，他做出了个让人"害怕"的决定——他向校办企业办公室借款14万，痛下决心，开始创业。

这时的宗庆后已经 42 岁了，很多同龄人早已觉得这辈子就这样了，可只有他，说什么都不甘心！

刚刚开张的企业规模很小，很难为员工开出够其温饱的工资，这让宗庆后十分心酸。即使这般，他也如朝阳般充满活力，他知道这是他的事业。只有全心全意付出，才会有回报。

作为校办企业经销部，除了服务好学校以外，宗庆后还想着，一定要让自己的员工挣到钱，吃上饱饭。如果想挣得多，就不能仅靠着学校这一点点的客源，还要扩大客源。

凭借一点点的省吃俭用和原始积累，宗庆后的业务范围开始扩大。他开始替别人代加工产品，到年底清算时，居然有十几万元的收入。

宗庆后并没有因为挣到这些钱而知足常乐，要知道十几万元，在当时也不是一个小数目了。宗庆后并不想安于现状，他似乎像是展开翅膀的雄鹰，他要飞得更高，宗庆后想：既然加工都有这么丰厚的收入。那么，如果自己生产呢？那岂不是会有更好的收入？

但是，生产什么？这又成为了一个难题！宗庆后开始用心琢磨，自己现在做的生意与小朋友打的交道最多，自己也与小朋友最熟，如果从这里下手，应该比较容易。

功夫不负有心人，在与小学生们做小生意的时候，宗庆后发现，小朋友们因为零食吃得太多，造成食欲下降，这让很多家长头痛，可是，不让孩子吃，又做不到。宗庆后观察到这一点时，就想到了，如果能出一点既营养，孩子又爱吃的东西，肯定有市场。

不久后，宗庆后便成功的研发了属于自己的产品——娃哈哈儿童营养液。儿童营养液这个市场空白，就让宗庆后给填补了，孩子们开始喜爱上了娃哈哈，宗庆后在当时全国 38 家营养液生产企业中杀出了一条生路。

良好的社会反应使得宗庆后的产品供不应求，在 1991 年的时候，如雪片般的订单使得娃哈哈的销量超过了亿元。宗庆后也因此掘得了第一桶金，为以后的事业扩张打下了良好的基础。

后来，宗庆后的娃哈哈集团又杀入纯净水市场，同样获得了更大的成功。

在"水里"打拼的宗庆后，几年下来，他的娃哈哈集团在全国 58 个生产基地已建立了近 150 家分公司，拥有 300 多条生产线，成为了"中国饮料中的航母"，连续 12 年领跑中国饮料行业。宗庆后也因此被称为"饮料大王"。

三、"饮料大王"的精神财富

2010年，在福布斯富豪榜上，宗庆后以800亿元的财富成为了中国首富，要知道这可是靠卖一元、两元的饮料赚来的利润。宗庆后这位卖水卖出的中国首富，确实让人肃然起敬。

十多年来，宗庆后一直被人们称为"中国经营大师"。他的经营之道也受到了大力推崇。"饮料大王"宗庆后的成功来源于他的奋斗进取和经营策略。他的成功之道给我们提供了很好的范本。那么，是怎样的经营理念成就了今日的中国首富呢？

1. 勤劳发奋

23年来，宗庆后每天的工作时间都在16个小时以上，每年他都有200多天在市场一线奔走、考察，他每天审阅文件到深夜，事必躬亲。

2. 务实

宗庆后认为："没有效益的品牌便没有任何价值。盈利是每个企业家的天职。十年、八年的计划等同虚设，你要知道明天干什么就行。"

3. 诚信合法经营

高品质的质量和良好的口碑使得娃哈哈不仅仅在业内广受好评，而且受到消费者的信赖。

4. 推陈出新

娃哈哈不仅生产矿泉水，还生产茶、纯净水、果汁饮料、碳酸饮料等100多个品种的饮料与食品。而且，它还把触角伸向了服装、日化等领域，让自己的公司永远随着市场需求推陈出新。

年轻首富李兆会：
中国私有钢铁巨头

他22岁起步，是山西的首富，曾多次入选胡润富豪榜"最年轻的内地富豪"，他从茫然无措的"门外汉"，到现今坐拥120亿资产，他是个沉着、冷静的青年，他就是海鑫集团董事长兼总经理李兆会。

李兆会掌管的海鑫集团是中国私有钢铁中的巨头，他被公认为是"年轻人的成功典范"，海鑫集团在他英明的带领下，于2009年步入中国行业500强，迎来了企业的第一个辉煌期。李兆会的处事不惊和冷静果断的态度也因此获得了行业前辈的认可和赞许。

李兆会面对今天的成就，时常会说："财富选择在我身上，我的责任感则变得强烈，企业和市场都不会等人，唯有尽最大努力去做。"

这大概就是李兆会从懵懂学生到有为青年企业家成功蜕变的秘密武器吧！

一、"有为青年"的创富路

李兆会于1981年出生在山西闻喜，父亲是民营企业家，山西海鑫钢铁集团有限公司董事长兼总经理李海仓。他从小就生长于富豪家庭中，优越的家庭条件和丰富的物质生活，让李兆会无忧无虑的度过了22个年头。

2003年李兆会的父亲被枪杀。父亲遇害后，正在澳洲求学的李兆会中断了学习，继承了由其父亲一手建立的海鑫钢铁集团。家庭的突变让李兆会一夜间从孩子长成了大人，他也明白了责任的含义就意味着承担所有。

2003年，李兆会在巨大的压力下重振了父辈事业，他以良好的发展潜质和超乎想像的成熟冷静使得海鑫的总产值超过了50亿元，为当地财政收入贡献了3亿元，成为历年来海鑫发展最为迅速和最好的一年。

这样的增长速度让业内人士对这个"富二代"刮目相看，而李兆会并没

有沉醉于成功中，在他的带领下，2004 年，海鑫集团完成的总产值高达 70 亿元，实现利税 12 亿元。

李兆会还将 6 个多亿的巨资抛向了资本市场，从中色股份手中买走民生银行 16053.525 万股，成为了民生银行的第十大股东。就在同一周内，李兆会又通过一家完全由自己一手创立的公司，以将近 6000 万的价格，收购了华冠科技 21.25％股权。

在当时很多人都抱着看这个"富二代"如何翻船的心态时，他却以理智的投资、独到的眼光，在资本市场分得了一杯羹。

尽管 2005 年，全国的钢铁产量供过于求、钢铁价格不断下跌，但是李兆会带领海鑫集团广大员工仍然创造了年销售额 80 多亿元，净利润超过 4 亿元的好成绩。

多年来，李兆会一方面潜心经营钢铁生意，一方面以上海海博鑫惠为平台投资资本市场。两者相辅相成的配合使得在面对金融危机的大风浪时，李兆会的财富依然未见缩水。

如果说，李海仓创办的海鑫钢铁集团是商业中的一艘大船的话，那么李兆会则把这艘大船发展成了商业中的航母。数年的"最年轻的内地富豪"、"山西首富"让这位年轻的"富二代"成为年轻人的典范。

二、抢回来的"第一桶金"

李兆会是胡润富豪榜上"最年轻的内地富豪"，也是中国第一个因为继承了大笔财富而上榜的"富二代"。他在短短的几年时间内，就把父亲的"小海鑫"成功地变成了李兆会的"大海鑫"。

2003 年 2 月 18 日，李兆会正式接管了海鑫集团，成为海鑫集团的接班人，前无借鉴后无"预备期"让这个从未涉足生意圈的年轻小伙子有些摸不着头脑。但是他认为：只有努力经营才能延续爸爸的精神。抱着机会不等人的态度，他开始强迫自己进入另一种生活状态。

李兆会虽已经继承父亲衣钵，但却未能行使董事长的权力，架空的权力和"主宾颠倒"的场面让李兆会感到非常尴尬和不适。

当时，李兆会在海鑫集团出任董事长，叔叔李天虎则出任总经理，由于李兆会涉世未深，在考虑到不影响企业利益的前提下，李海仓将李兆会"托孤"给常务副董事长辛存海。另外在海鑫担任要职的 10 名"开国元勋"则成为了李兆会的"辅佐大臣"。

这样的家族式管理层，对刚坐上海鑫集团董事长位置的李兆会是安全的，但是在最初的 20 天内，李兆会一直没能行使董事长的职权。

2003 年 2 月 27 日，李兆会由五叔李天虎和六叔李文杰陪同开始了第一次外出视察，他们来到了福建宁德，与当地政府谈论了钢厂的立项问题，然后又飞去香港拜访了李海仓的一些生意伙伴和一些机构投资者。

名义上叔叔们是陪同李兆会出访的，但是其实是李兆会陪同两位叔叔进行了访问，这使得李兆会有些尴尬和无奈。他意识到不能依靠"帮忙"来发展企业，必须独立自主的紧握大权。

李兆会思前想后，最后决定用温和的方式让叔叔李天虎离职，并将海鑫集团旗下的水泥厂交给叔叔李天虎打理。随着水泥厂的独立，李天虎的股份也撤出了，因为，他并不看好这个"愣头青"。

很快，李兆会的名片上印上了"董事长兼总经理"的字样，李兆会终于掌握了海鑫集团的实权。

在没有对海鑫集团效益造成任何影响的情况下，李兆会利用智慧，掌握了海鑫集团的大权，这个年仅 22 岁的孩子成功地建立了威信，也让所有人都看见了这个孩子的"爆发力"。

李兆会的父亲虽为他准备了"第一桶金"，却未曾交给他。李兆会的第一桶金是通过他的智慧和勇敢赢来的。他的努力有目共睹，他的成功来之不易。李兆会真不愧为"年轻人的典范"。

三、年轻人的成功典范

李兆会成功并不是因为获得了巨额财富，而在于李兆会身上存在着优秀品质和成功因素：

1. 低调谦和

尽管如今坐拥 120 亿的资产，但是每次巡厂时，对待工人们仍然平和谦虚，不"炫富"，不"端架子"，对工厂的具体情况仔细询问。每每提及今日的"小老板"时，工人都由衷的表示敬意。

2. 务实肯干

把资金投放于资本市场，在面对巨额回报时，他并没有好大喜功，而是站在海鑫集团领导人的立场上，实实在在地部署下一步投资计划。

3. 英明果断

当接到继承消息时，当意识到"排除异己"的重要性后，他没有思前顾后，而是找准时机，当机立断地夺取了他想拥有的一切。

4. 独具慧眼

无数人认为"小老板"李兆会把资金放入资本市场是冒险的投机，他以巨额的投资回报让人们瞠目结舌，让人们心悦诚服地承认，他的投资不是因为他的"赌性"而是因为他的"理性"。

5. 回报互动

他的财富来源于工人们的辛勤劳作，当他拥有财富的同时，他也用良好的福利回报了工人——奖金、旅游、分房，这让工人们自觉地开始维护集团利益。他的这些行动开创了国内的先河。

珠宝大王郑裕彤：
"心诚体勤"是发家之本

他是全球华人十大富豪之一，他被列入了香港超级富豪榜单，他的身价已经超过 300 亿港元。他享有"珠宝大王"的美称，他首创制造了99.99％金。

这位奇才就是兼任香港新世界发展有限公司及周大福珠宝金行有限公司的主席，同时又被誉为"香港地产界四大天王"之一的郑裕彤。

半个多世纪以来，郑裕彤在商业界创下的业绩，已经成为佳话，他以自己不凡的商业传奇，谱写了"心诚体勤"的财富宝典。

一、珠宝大王的光辉人生

郑裕彤，广东顺德市人，香港超级富豪，新世界发展有限公司的创办人，被誉为"珠宝大王"、"香港地产界四大天王"。

1925 年，郑裕彤出生在一个贫寒的家庭中。13 岁时，刚刚小学毕业的郑裕彤，就因为家里没钱而辍学了。祸不单行，此时又赶上日本进犯广州、香港，为避战乱，父亲把郑裕彤送入了澳门"周大福金铺"当小伙计。当时的"周大福"金铺因为入行晚，并没有什么名气。

刚刚 13 岁的郑裕彤把对学业的热诚，转移到了自己现在的岗位上。他知道自己年龄小，所以凡事谨慎，对待工作一丝不苟。

在周大福金铺当伙计的郑裕彤，最初的工作就是每天扫地、擦灰尘、洗厕所、倒痰盂等清洁工作，但这一切都必须在天亮之前完成，以迎接客户进门。老板见郑裕彤做活机灵，就破格让他做了柜台伙计。

成了柜台伙计的郑裕彤做起生意来格外的用心。他有一个习惯，就是喜欢观赏别人金铺里的不同式样的金饰品，然后和周大福店里的金饰品进行对比，看哪样金饰品卖得快。

有一天，郑裕彤在上班的路上，看见一家金店里的饰品样式独特，忍不住看了好久，等再赶到店里的时候，老板都已经在那里等待多时了。

在那个时代，伙计让老板等，可是个要丢饭碗的大错。郑裕彤忙向老板解释原因。老板听了，不但没有怪罪他，还觉得这个小伙子是一个不可多得的人才，特准郑裕彤没事的时候，就可以上街区察看别的金铺。

就这样，郑裕彤凭借自己做事的勤恳、用心，得到了周老板的赏识，18岁时，就被升为金铺的掌管。随后，更加努力的郑裕彤又成为了周大福的"乘龙快婿"。

后来，在周老师的支持下，郑裕彤又在香港打拼成功。

当时在香港，金铺随处可见，竞争十分激烈。郑裕彤几经周折终于打开局面。

几经打拼，成为香港金饰店的龙头老大的郑裕彤，又借机杀入钻石领域，成为香港最大的钻石经销商。1970年，郑裕彤又创办了新世界发展有限公司。

到了70年代，香港开始大兴土木，郑裕彤又进军房地产产业。

90年代，郑裕彤又把目光投向了祖国大陆，在国内兴起了一波又一波的建设事业。如今，周大福和新世界遍及国内多个城市，成为一道靓丽的风景。

到了新世纪，这位"珠宝大王"、"钻石老大"郑裕彤又把资本的触角伸到了旅游、酒店，地域也扩展到了欧美，成为名噪一时的资本实力大亨。

二、创造99.99%的第一桶金

1938年，13岁的郑裕彤成了澳门周大福金店的一个小伙计。虽说身份低微，但他却把全部的身心都投入到了周大福金店中去了。

一天，郑裕彤被指派到码头接人。等船的时候，他正好遇到一位南洋来的商人向人打听哪里可以兑换港币。灵机一动的郑裕彤马上上前搭讪说："'周大福'可以换！"

"'周大福'在哪里？"南洋商人并不知道这个没有什么名气的金铺。

"先生，您能等一会儿吗？我接到人，就带您去！"

"好的！"

果然，没过多久，郑裕彤就接到人，他客客气气地将接到的人和南洋商人一起带到了'周大福'。因为郑裕彤的热情，南洋商人不但兑换了港币，还做了一笔金饰生意。

就这样，郑裕彤在周大福金店不断得到提升。1946年，周老板看到21岁的郑裕彤各方面的能力已经成熟，就派他去香港开设了"周大福"分店。想在香港立足并不容易，何况现在是郑裕彤自己独当一面。

在香港的"周大福"金店建成以后，郑裕彤最初的满腔热血，却变成了满脸焦急。原来，金店开业这么多天了，无论店里如何打折，如何搞活动，来店里光顾的人寥寥无几。

"难道是自己店里的样式，香港人不喜欢？"郑裕彤开始找毛病。可是，走了很多家金店，他发现自己店里金饰，无论是质量、样式，都不比别人家的差。

最后，郑裕彤终于找到答案了，原来，他是初到香港，很多客人对他不了解，也不信任。其它的金店一大部分的客源都是靠回头客。

郑裕彤决定要独辟蹊径，他认为这才能在香港激烈竞争的背景下站稳脚跟。敏锐的郑裕彤发现当时所有的金饰品位都在九九金上，也就是说黄金纯度是99％。郑裕彤突发奇想，决定在这方面做做文章。

郑裕彤投入重金，把周大福的金饰纯度提高到99.99％。就是这0.99％，让周大福在众多金店中独占鳌头，一大批客户全都冲着这0.99％，成了周大福的客户。

此后的郑裕彤一发不可收拾，他不断开拓新市场，短短几年，"周大福"分店便已增至11家。郑裕彤也赚了个盆满钵满，并由此成为香港金店业的龙头老大。

就这样，郑裕彤凭借99.99％的足金赚得了人生的第一桶金。

三、郑裕彤的发财攻略

许多人认为成功就是胆大、冒险、运气和快速赚钱。其实，商业远不是那么简单。在郑裕彤看来，做生意，胆子小是不行，冒险也是必须的，运气对每个人是平等的。那么，郑裕彤发财的秘籍到底是什么呢？

1. 勤快

懒惰是永远发不了财的，即使有财，也会很快被败光的。任何成功都需要勤恳的努力。

2. 诚信经营

做生意，要想走得远，诚信经营是根本。有人说，郑裕彤的成绩，是因

为他运气好。郑裕彤说："你、我都可以碰上一两次幸运，但不可能永远幸运。如果你希望永远幸运，就要付出永恒的勤与诚。"

3. 坚韧

每做一件事，给自己设定的目标就是成功，决不半途而废。

4. 恪守创新

只有在自己现有的业务基础上不断创新，才能做大做强！

李　宁：
奥运冠军的服装品牌

这是一家国内体育用品行业品牌公司，十几年间，它从小到大，发展成为中国本土体育用品行业第一品牌，一代体操王子李宁，在创造了世界体操史的神话之后，又演绎出一个中国品牌的传奇。

一、体操王子华丽转身

李宁，这位被誉为"体操王子"的奥运冠军无人不知、无人不晓，而后来的转业也让他名声大噪。

1988 年，李宁的体操之路被改写。那一年的汉城奥运会，李宁在最后一次比赛中意外失利，从吊环上摔了下来。

尽管他还是和往常一样带着笑容走下了赛场，但回到首都机场，失掉金牌的李宁禁不住黯然神伤，随后，李宁宣布退役，那一年，他 26 岁。

退役后，李宁曾度过了一段艰难的困顿期，未来的路怎么走，成为摆在他面前的问题。这时，李宁的忘年交——广东健力宝集团有限公司总经理李经纬找到了李宁。

李经纬建议李宁，应该把目光放长远一点，想得深一点，跳出运动员退役后不是出国就是当官的模式，重新设计一条道路。

当时，李宁想到深圳创办一所体操学校，李经纬劝他，办学校光靠赞助不行，一定要有经济做后盾，这样才是稳定的、长远的发展思路，所以，他建议李宁依靠搞实业来发展体育。

对于李经纬的建议，李宁慎重地考虑了很长时间，自己从 7 岁进入体校到现在，17 年的青春光阴都是在单双杠上度过，他觉得自己正年轻，还应该学习更多的知识，丰富自己的人生经历。

李经纬和李宁当时认识到了很多人没有认识到的一个事实：中国需要一

种优质的体育用品，而且，这种体育用品最好是中国人自己的品牌。

在李经纬的盛情邀请下，1989 年 5 月，李宁加入了健力宝，希望借健力宝的资金实力来生产"李宁牌"运动产品。

自此，李宁走上了一条崭新而艰苦的道路。

加盟健力宝之后的几个月，李经纬就鼓励他将服装厂的计划实行。但资金从哪里来呢？虽然当时健力宝声名显赫，但健力宝最初的广告费也是靠借钱才拿到的，资金并不宽裕。

没有开厂的钱，李宁和李经纬决定找一些国外厂商，搞中外合资，而且外商还能帮助他们打开海外市场。

在李经纬的陪同下，李宁出外游说，寻找投资。因为"体操王子"的名人效应，很快，他们就与外商签署了 3 份合作意向书。李宁本人也没想到事情进展得竟如此顺利，不久，新加坡康基实业有限公司到三水实地考察，双方签订了合作协议。

于是，中新（加坡）合资的"健力宝运动服装公司"成立，主要从事"李宁牌"运动服装的生产经营，李宁出任总经理。

经过紧张的施工，不到 8 个月，一幢 5000 平方米的厂房就在三水市竣工了。厂房上竖起了一块巨大的广告牌：李宁牌。

1992 年底，李宁公司分别在北京、广东成立三家公司，各自从事运动服装、休闲服装和运动鞋的生产经营，李宁牌系列产品逐渐赢得了众多荣誉，成为 1991 年以来中国体育代表团参加历次重大国际比赛的专用装备，李宁牌服装和运动鞋系列不仅被推选为中国明星产品，而且被评为全国服装行业十大名牌之一。

虽然李宁公司 1993 年就有了赢利，年营业额以近 100％的速度增长，但是在李宁的心中，有一个永远的结，那就是"孩子的身份"——李宁公司是健力宝的全资子公司，而健力宝的控股股东是广东三水县政府，是国有资产。

李宁更希望公司朝着现代企业模式发展，但这在当时看来非常难，两个核心问题是必须解决的，一是对公司进行股份制改造，另外一个是将李宁商标从健力宝中分离出来。

1994 年底，在股份和品牌采取了一些变动措施之后，李宁公司顺利脱身，1995 年底，李宁集团成立，李宁亲任集团董事长兼总经理。1996 年初，集团总部"北上"，从广东迁到北京，这一年，李宁集团创下了销售收入 6.7 亿的历史纪录。

　　但成长的喜悦到了 1997 年戛然而止了，亚洲金融危机袭来，国内经济一片萧条，李宁产品卖不动了。此后数年，李宁公司的销售收入一直徘徊在 7 亿左右，市场地位逐年下降。处于困境中的李宁萌发了强烈的上市冲动，并把上市地点选定在了香港。

　　2004 年 6 月 28 日，李宁集团在香港联合证券交易所上市，李宁品牌开始了全新的发展之路。

　　经过几十年的发展，"李宁品牌"已逐步成为了代表中国的、具有东方元素的国际领先的运动品牌，一代体操王子也华丽转身成为了一位成功的商人。

二、借亚运圣火会新获第一桶金

　　在李宁公司刚刚成立的时候，李宁作为一名体育运动员的优势就显现了出来。李宁敏锐地觉察到，即将在北京举行的第十一届亚运会以及备受瞩目的亚运会火炬接力将是一个非常好的品牌推广时机。

　　但是，亚运会火炬接力处对买断亚运会火炬接力开出了 300 万美元的高价，无论是李宁还是健力宝都承受不了。

　　这时，李宁的公关能力及名人效应再次发挥作用，他用一种爱国情绪感染着工作处的领导："如果火炬接力的承办权落到外国公司的手里，那将是中国人的耻辱！"

　　经过一番谈判，最终，健力宝获得了亚运会火炬接力传递活动的主办权，费用只要 250 万元人民币。

　　1990 年 8 月，在亚运会圣火传递仪式上，李宁作为运动员代表，身穿雪白的李宁牌运动服，庄严地从藏族姑娘达娃央宗手里接过了亚运圣火火种。

　　在整个亚运圣火的传递过程中，有 2 亿人直接参与了活动，25 亿中外观众从新闻媒体知道了健力宝和"李宁"。全国人民都发现，党和国家领导人身上穿的都是国产"李宁"牌服装。

　　这一刻，李宁牌真正地横空出世了。

　　亚运会结束以后，"李宁"服装一夜之间在中国风行。亚运会闭幕的当月，刚刚成立的"李宁"就收到了价值 1500 万元的订货单，这个夏天，成了李宁商业故事的真正开始。

　　此时距离李宁汉城奥运会失利仅仅只过去了两年，李宁在这两年里，成功地积累了人生的第一桶金。

三、改头换面吸引"90后"

李宁品牌系列发展至今，已经占据了中国本土体育用品的半壁江山，怎样与时俱进，适应不同消费人群的喜好，成为李宁品牌必须面对的问题。

根据李宁公司2006年~2007年对消费者的市场调查报告显示，李宁品牌实际消费人群整体偏大，35岁~40岁的人群超过50%，而对体育用品企业来说，14岁~25岁的年轻人群是更为理想的消费者群体。

另一方面，年轻消费者对李宁品牌的印象中，"积极向上"、"有潜力"、"中国特色"、"认同度"等方面得分很高，而"酷"、"时尚"、"国际感"等特质，与国际品牌相比则略逊一筹。

李宁公司实际消费人群的偏移，促使李宁公司开始着手研究品牌重塑课题，启动品牌重塑工程。对未来劳动力成本上升的判断预估，中国市场消费升级的大趋势，以及应对竞争环境变化的必要性则是促使本次品牌重塑的动力。

这几年，具有强大实力的中高端竞争对手和逐渐增加的中低端市场进入者不断挤压着李宁公司的市场份额，这无疑对李宁公司造成了巨大的压力。所以，重塑品牌，调整公司经营模式已势在必行。

经过长时间的酝酿，2010年6月30日，李宁公司正式宣布推出新的LOGO和口号，这一"变脸"的背后，标志着李宁变得更年轻化，以符合90后的口味。

李宁在新的品牌标志中加入了更多橙色元素，增使品牌更加时尚、年轻、有活力，向消费者传达了"突破、进取、创新"的产品文化。

李宁新口号"Make The Change"也同期公布，"Make The Change"成为了李宁的品牌新口号，将会在市场推广中替代"一切皆有可能"。

此外，李宁品牌新标识不但传承了经典"LN"的视觉印象，还抽象地展现了李宁原创的"李宁交叉"动作，并且以"人"字形来诠释了运动价值观。

新的标识线条更利落，廓形更硬朗，更富动感和力量感，这就是李宁品牌为了迎合市场而做出的改变。

技术狂人王传福：
电池制造领域的"黑天鹅"

他以 350 亿元的财富，登上了 2009 胡润富豪榜的第一名，他被人们称为"技术狂人"、"汽车狂人"、"颠覆者"、"电池大王"。他就是中国汽车新贵比亚迪集团的创办人王传福，现任比亚迪集团的董事长兼总裁。

王传福白手起家，13 年来，他建立了涉及电池制造、手机配套、汽车等领域产值约 200 亿的高端制造企业。王传福的魄力和聪明成就了他的财富，"世界股神"巴菲特甚至说："王传福比盖茨聪明。"

王传福曾说："任何人都是站在别人的肩膀上才能起步，我们不可能从零开始。"这也许就是王传福成为"颠覆者"的智慧吧！

一、技术狂人的起伏人生

王传福，安徽人，中国新首富，比亚迪集团的创办人，被誉为"技术狂人"、"汽车狂人"、"颠覆者"、"电池大王"。

1966 年 2 月 15 日，王传福出生于安徽无为县的普通农民家庭。王传福的家里除了 5 个姐姐，还有 1 个哥哥和 1 个妹妹。一家十口人的经济来源，全靠父亲的木工手艺，日子过得倒也说得过去。

天有不测风云，王传福 13 岁时，父亲患病去世，家庭的经济情况开始每况愈下。哥哥只好选择辍学，赚钱养家。因为王传福学习用功，家里人把全部的希望，都放在了王传福的身上。

王传福心里明白家人对他的期盼，在功课上总是回回第一。可是，屋漏偏逢连夜雨。就在王传福初中毕业考试时，母亲又突然去世。失去双亲的痛苦，并没有让王传福放弃学业，他决定要加倍地努力。只有这样，他觉得才对得起父母的祈盼。

初中毕业后，王传福进入了无为县的一所高中就读，功夫不负有心人！

1983年，王传福以优异成绩考入位于长沙的中南矿冶学院冶金物理化学系（现为中南大学）。进入大学后，出身贫寒的王传福一心把专业课学好。

王传福一直都有一个梦想，那就是想做科学家。他认真钻研每一个问题，学习成绩在班上名列前茅。王传福的聪明加上他的努力，让他成为了学校的尖子生。

毕业参加工作的王传福，在了解到一定的企业经营和电池生产的实际经验后，他认定自己研究领域之一的电池，将面临着巨大的投资机会。

1995年2月，王传福创立了比亚迪，但由于正处在亚洲金融危机期间，比亚迪的出口极度萎缩。

1995年下半年，王传福决定试着将比亚迪的产品送给台湾最大的无绳电话制造商大霸试用。很多人都不看好王传福，认为他一定会在这场亚洲金融风暴的危机中消失。

令很多人都没有想到的是，凭借着比亚迪优秀的品质，低廉的价格，台湾最大无绳电话的制作商大霸将本来已经决定给三洋的订单转给了王传福。

到了1997年，比亚迪已经不再是一个无人知晓的小角色了，他成为了一个年销售近1亿元的中型企业。

1997年，在镍镉电池市场，王传福只用了3年时间，便抢占了全球近40%的市场份额，比亚迪成为镍镉电池当之无愧的老大。

在镍镉电池领域站稳脚跟之后，王传福紧接着抓住了第二次机会，开始拓展蓄电池市场，研发了具有核心技术的产品：镍氢电池和锂电池。

目前，比亚迪的生产规模达到了日产镍镉电池150万只、锂离子电池30万只、镍氢电池30万只，60%的产品外销，手机领域的客户包括摩托罗拉、爱立信、京瓷、飞利浦等国际通讯业巨头。

中国香港风险投资公司汇亚集团董事兼常务副总裁王干芝评价说："在我见到过的人当中，王传福是最专注的人，他大学学的是电池，研究生学电池，工作做的还是电池。"

也许，就是因为长期的专注，才使得王传福能够在电池领域取得如此惊人的成果吧。

二、生产线上流淌的第一桶金

从不名一文的农家子弟到身家亿万的集团公司总裁，从26岁的国家级高级工程师、副教授到"电池大王"。王传福是那种典型的技术创业者。

王传福先后毕业于中南大学和北京有色金属研究院，作为电池行业专家，他的论文还被国外杂志转载。

在王传福作为国家高级工程师兼副教授的日子里，他本来衣食无忧，过着令人羡慕的生活。这一切的所得，全靠王传福从小努力学习换来，做到当时那个成就，王传福算是对得起家人对他的盼望了。

可是，已是功成名就的王传福，自己却总是不甘心，他时时刻刻关注着自己身边的消息，看看有没有什么机会，可以让他有更大的发展。

一天，王传福像往常一样，拿起行业内的杂志，看看有什么新的信息。一条"日本方面鉴于镍镉电池对环境的污染，以后将不在本土生产镍镉电池"的消息引起了王传福的注意。

经过几天的思考，王传福觉得这是一次机遇。他认为日本的这次决定，肯定会引发全球镍镉电池生产基地向低成本地区转移。

1995年，看到电池行业巨大前景的王传福，辞去了"铁饭碗"，决定要自己创业。

亲人朋友都不理解王传福，认为他是瞎胡闹，放着好好的工作不干，非得要自己创业，这不是自己找苦吃吗？可是，王传福却有着自己的想法。于是，他向搞证券的表哥借了250万元，在深圳建立了比亚迪公司。

250万元对于建成一家公司来说，资金并不充足。公司建起来了，可是，王传福却没有了买设备的钱。没有设备，生产就无从谈起。

有公司，却没有设备，一时间，风言风语全都飘向了王传福。大家也都在等着看王传福的笑话。

这时的王传福，却带着自己的伙伴们，没日没夜地研究。多年的实践与经验，居然让王传福分解了生产线要素——人家用机器，我用人。就这样，王传福开始了生产。

无论是普通熟练工人还是工程师，中国的人工成本在世界上都有着价格优势，这成了王传福的杀手锏。无论是生产流程哪一道工序，王传福全部用人工来完成。于是密密麻麻的工人和手上几块钱的夹具就完成了一切工作。

由于是纯人工生产，所以，比亚迪的产品质量非常过硬，就这样，比亚迪生产出比日本企业更便宜的手机电池。据悉，当时一块锂离子电池在国外卖到10美元，而比亚迪只卖3美元，这让王传福足足赚到了企业发展的第一桶金。

三、王传福的经验口袋

这位被称为"比盖茨还聪明"的人，这位从 26 岁的国家级高级工程师到"电池大王"的王传福，他到底拥有着什么样的经验，让我们可以学习呢？

1. 敢于放弃

在商场中，时常是有舍有得。有时，只有敢于放弃手中拥有的，才能去争取更好的。

2. 打破常规

创意是商业中的亮点，也经常成为商人们取胜的有利武器。没有创新，就是在等待着别人的超越。

3. 团队精神

一个人是不能完成大使命的。王传福之所以能成功，是因为他的技术团队和他的工人朋友们都是上下一心。要知道，只有那些团队精神良好的公司，才能打造出更好的产品。

4. 选择最好

王传福虽然是在电池界，淘得的第一桶金。但是他并没有就此停留在电池界，而是又进入了汽车界。他下定决心说："下辈子，就干汽车了!"你所熟知的并不一定是最适合你、最有商机的，只有选择最适合你、最有商机的，才有力量走得更远。

5. 勇于拒绝

2008 年 7 月底，巴菲特表示希望投资比亚迪 5 亿美元。按照以前的投资习惯，巴菲特从来不投资高科技产品，"股神"似乎为王传福的公司破例了。但在评估投资方案后，他认为巴菲特的投资所占的股权太大，与比亚迪投资发展计划不符，王传福最终拒绝了巴菲特的美意。

在利益面前，商人应该懂得何时拒绝。否则，公司很可能在不知不觉中被别人吃掉。

魏应州：
康师傅的食品王国

他打造的"康师傅"，全国妇孺皆知。他的产品每天都会在各大媒体上出现，但他本人他却从未接受过记者任何形式的专访，他被人们热情地称为"中国面王"。他就是顶新国际集团的引路人，康师傅控股有限公司董事长兼行政总裁——魏应州。

魏应州历经近20年的打拼，打造出了一个横跨方便食品、饮料、糕点、西式快餐及零售业的"航空母舰"式企业集团——顶新国际集团。顶新国际集团如今已拥有"德克士"西餐、"有乐和食"拉面、"牛乐亭"烤肉三大品牌。

魏应州曾说："没有天津开发区，就没有'康师傅'，我们在前进的道路上得到了政策的大力支持，这才有了'康师傅'的今天！"

拥有感恩的心，这也许就是魏应州的成功之道吧！

一、小商人创立食品大王国

1954年，魏应州生在台湾彰化，他的父辈在台湾是做油脂行业的。魏应州4岁时，就跟着父亲在台湾创建起了鼎新油脂加工厂，主营蓖麻油、棕榈油等。魏应州的整个童年，都是在经商中度过的，他深深地爱上了经商。

1988年，魏应州的父亲去世后，鼎新就由魏应州和他的三个弟弟接管。接手以后，他们的公司发展得并不顺利。在台湾发展始终都是磕磕绊绊，于是，魏应州就带着兄弟们转战到了大陆。

几经周折他们在大陆建起了天津顶益国际食品有限公司，生产"康师傅"方便面。

1996年，"康师傅"打开了销售局面以后，魏应州又进军饮料界。不过，杀入饮料界可并不容易，他们所面对的是雀巢、可口可乐这样的国际集团。

不过，魏应州依然在饮料界站稳了脚跟。

1997年，不肯停步的魏应州，在上海成立了乐购超市；1998年，魏应州又并购了在台湾有50年历史的第二大食品集团——味全，并在上海成立冷藏事业部，正式进军乳业。

2002年，魏应州重新打回台湾，这也一直是他的梦想。"康师傅"开始返台生产及销售，这次的返台，魏应州迅速在岛内方便面市场掀起一阵旋风。"康师傅"被岛内媒体誉为是从"从大陆红回台湾"的企业。与此同时在香港上市的"康师傅"，已入香港股价增值最快前三甲。

2004年，一路狂奔的魏应州，又带着三兄弟与日本朝日啤酒株式会社及伊藤忠商事株式会社结成了战略联盟。

现在，魏应州带领的顶新集团又已经开始涉足餐饮连锁行业，如今已拥有"德克士"西餐、"有乐和食"拉面、"牛乐亭"烤肉三大品牌，仅"德克士"在全国就已有店面逾300家。

目前，顶新国际集团已是国内最大的食品企业，涉足糕饼、饮品、粮油、快餐连锁、大型量贩店等多个事业领域，员工近24000人。

事业做强做大了以后，魏应州并没有忘记回报社会。从1995年开始，顶新国际集团在全国最贫困的十几个省市建立了19所"顶新希望学校"。集团又投入500万元成立了"顶新基金"，有专职人员负责全国范围内的扶贫、捐书等活动。

魏应州历年来投入抗洪、抗震、扶贫、助学等社会公益事业的费用已达8000多万元人民币。

如今的顶新国际集团已经成为国内最大的食品企业，仅旗下的"康师傅"在大陆投资就已超过了15亿美元，成为了名副其实的"中国面王"。

二、小小碗面，吃出第一桶金

魏应州刚开始接手父亲的制油工厂时并不顺利，常常是四处借钱周转，最惨的时候，甚至连货款都付不出来，直到最后，制油工厂惨遭法院查封。

在台湾做不下去的魏应州，带着三兄弟和借来的1.5亿新台币来到大陆，先后在北京、济南、秦皇岛、通辽等地开办了4家合资企业。经营项目也做了调整，他们尝试过"顶好清香油"、"康莱蛋酥卷"和蓖麻油等产品。

虽然，魏应州他们生产的产品质量出色，但他们对中国大陆市场不够了解，没有考虑到当时大陆市场消费者的购买力不足这个问题，到最后几经周折下来，从1989年到1991年的3年时间，他们带来的1.5亿新台币的本金已是亏损过半。

一脸愁容的魏应州带着三兄弟，开始四处寻找商机。

1991年的一天，魏应州在火车上吃着从台湾老家带来的方便面。令他自己没有想到的是，他刚吃没几口，泡面的香味就引来了众人的询问。大多数的人，都是问魏应州这种方便面是从哪里买来的，需要多少钱。

"大陆这么大，大陆人这么多，坐火车的人又那么多。如果在大陆卖方便面的话……"魏应州似乎想到了什么。

魏应州回去以后，顾不上休息，马上进行市场调查。可是一调查，发现大陆市场已经有不少方便面企业。还有来自台湾的统一集团，当时统一集团已经有了10多年经营方便面的历史。

魏应州觉得有些失望了，但自己又不甘心。于是，他又把大陆的方便面市场仔细研究了一遍，这次研究让他发现大陆的方便面产品两极分化明显，品质和价格适中的产品是片空白。也就是说，质量好的方便面，价格很贵；但价格便宜一点的方便，价量又很差。

魏应州决定从这里下手，于是，原来准备在天津生产饼干的计划改成了做方便面。1992年他开始回台湾四处筹钱，到了8月21日，他终于用800万美元在天津开发区成立天津顶益国际食品有限公司，"康师傅"第一碗红烧牛肉面诞生。

方便面诞生后，魏应州在天津唯一的一家高档酒店召开经销商订货大会。大家试吃过后，都对"康师傅"赞不绝口，魏应州终于松了一口气，要知道这可是他最后一搏啊！

可是，几天过去了，却没有任何订单回来，魏应州简直度日如年，魏氏家族最后的筹码都压在方便面工厂，如果失败，后果实在不敢想像。

也许是老天在对魏应州做最后的考验吧，两个月后，订单终于如雪片般飞来，适合国人的口味加上1.98元一包的价格，使得"康师傅"几乎一问世便成了国人心中方便面的代名词。

1994年开始，"康师傅"相继在广州、杭州、武汉、重庆、西安、沈阳等地设立生产基地，并在全国形成了一个区域化的产销格局。

如今，顶新集团在大陆投资总额达12亿美元，成为台资企业在大陆最大的投资企业。而"康师傅"方便面一年就可以卖出100亿包，排起来可以绕地球37圈。

从乡村制油小作坊，到年销售额300多亿的大型食品工业集团！一碗小

小的泡面，硬让魏应州"吃"出了第一桶金。

三、"中国面王"的课堂

从小小的方便面到年销售额过百亿的大企业，这位"康师傅"的创始人魏应州有着不少创业经验，这些宝贵的创业经验值得揣摩学习。

1. 家和万事兴

直到现在，四兄弟还把赚来的钱都集中放在一个家族基金中，每个家庭每月固定领取一笔生活开销，子女的学费则全部由基金支付。

2. 学习能力强

人们常说："只有站在巨人的肩膀上，才能看得更远。"但每个巨人并不会亲手教你，只有通过不断地学习，你才能让自己真正地站在巨人的肩膀上。成功正如一句名言所说——此刻打盹，你将做梦；此刻学习，你将圆梦。

3. 敏锐观察

观察身边的成功人士，你就会发现，很多的成功人士，他们并不是赢在起点，而是赢在转折点。选择了不同的转折点，终点才会不同！而只有你敏锐观察到你身边的每一个机会，你选择的转折点才不会失误。

4. 学会感恩

深深记得帮助过你的人，宽容那些伤害过你的人。凡事要感恩，一个不懂得感恩的人，会让帮助他的人伤心；一个懂得感恩的人，会赢得他人的心！而因此得来的人脉也是商场上不可缺少的财富！

浙商典范南存辉：
从修鞋匠到亿万富翁

　　他是个身价超过 65 亿元的年轻富翁，他被称为"温州人奋斗发家史的缩影"、"中国新兴民营企业家的代言人"，他带领的营销队伍被称为"虎狼之师"。他就是正泰集团董事长南存辉。

　　南存辉创立了一个低压电器王国，不但使自己的财富增长，也造就了一大批亿万富翁。人们评价他是"沉稳的企业家"。

　　南存辉，从摆修鞋摊起步，最终成为一个万人瞩目的亿万富翁，他用自己的经营理念，交出了一份合格的答卷。

一、这个修鞋匠不简单

　　1964 年，南存辉出生在温州乐清县的农村。在南存辉上初二的时候，他的父亲腿部骨折，要休息一、两年，而他的母亲身体一向虚弱，作为长子的南存辉，照顾弟弟、妹妹、养家糊口的生活重担就压在了他的肩上。

　　他不得不辍学回家，挑起了一家人生活的重担。初中没毕业，他又当上了小鞋匠。

　　70 年代，国家严禁私人做买卖，所以，一看见工商人员在街上出现，南存辉的反应就是收拾起鞋摊飞跑。这样的生活一直持续了好几年，其中滋味只有经历过的人才知道。

　　随着经济建设的升温，温州人的大胆开始展现出来。修鞋的南存辉慢慢发现，自己每天摆摊的乐清柳市老街两边的门面，都在不知不觉中发生了变化，几乎全都变成了经销电器的商店。

　　这让南存辉看到了希望，他觉得自己在修鞋方面没有什么大的发展，就想着也要去经商。于是，只有 16 岁的南存辉扔下了修鞋摊，开始走向电器生产和销售的行列。

南存辉联络了几个朋友和家里的亲戚，组建了温州正泰电器有限公司。到 1993 年，正泰的年销售收入达到 5000 多万元，这让南存辉尝到了甜头。于是，他开始利用正泰这张王牌，将当地 38 家企业收入麾下，组建了低压电器行业第一家企业集团。

随着企业的发展壮大，南存辉发现了家族企业的弱点，果断地进行了股份制的改造。在他的努力下，正泰集团成功转型，从家族企业集团转变为上市公司，成为拥有资产 30 亿元、年销售额超过 100 亿元、年上缴税金逾 5 亿元的大型企业集团。

有了巨额的身价，南存辉有了和国际企业叫板的勇气。世界低压电器巨头施耐德 13 年和南存辉打了 24 场官司，状告南存辉的企业侵犯了它的知识产权。南存辉却韬光养晦、默默蓄势，终于在 2009 年的 4 月发起向施耐德的控告，9 月公布了宣判结果：施耐德要赔偿给南存辉 3.3 亿元。

资本规模日益扩大的南存辉在温州征地 1000 亩建设正泰工业园，在 2010 年前投资了 160 个亿，打造国际性的电器制造业基地。

不仅如此，南存辉还在温州设立了中低压输变电产品制造基地，在上海发展光纤通信项目，在杭州设立了 IT 工业园区，生产自动化、信息化结合的新产品。

可以预见，在不久的将来，这都是南存辉集团的利润增长点。

如今，南存辉带领着他的正泰集团开始向新能源、环保产业转移，不久的将来，在这些领域一定又会有新的传奇出现。

二、第一桶金只有 35 元

1984 年，因为家贫而辍学走上修鞋之路的南存辉发现，低压电器行业市场前景很大。通过观察，南存辉发现街边那些经营电器的门面生意不错，于是他果断地放弃了修鞋生意，转行做起了电器买卖。

刚开始，南存辉也不知道该如何做电器生意，甚至连电器的工作原理都不知道。为了学习，他满大街地走家串户，学习别人如何做生意。其中柳市一家经营户因为经营电器而盖起的一座 7 层大楼，给他留下了深刻的印象，他憧憬着有一天自己也要这样一座大楼。

经过考察，南存辉觉得自己应该是摸到了门路，于是在 1984 年的 4 月，他找了几个朋友，又动员了自己的妹妹、弟弟等亲戚，在一间破房子里建立了一个手工作坊式的开关厂，并起了个很响亮的名字叫"求精开关厂"。

这个"求精开关厂"就是现在的正泰和德力西电气的前身。当时和南存辉一起投资的小学同学胡成中就是现在的德力西集团董事长。

南存辉刚开始办厂，非常艰难，他自己什么都不懂，技术不懂、质量不懂，就连市场在哪里都不知道。

南存辉的办厂真是"四无"——无设备、无技术、无人员、无资金。万事开头难，那时的南存辉可真是伤透了脑筋。

南存辉和几个伙伴，没日没夜地干了一个多月，从手工绕制线圈，到最后加工成型，南存辉和伙伴们干遍了低压电器所要求的所有工序，也尝遍了所有工种的角色，一个月下来，每个人都掉了几斤肉。

经过一番努力，产品终于生产出来了，也有客户上门全部买走了，但最后一算账，却只赚了35元钱。这让几个合伙人大失所望，觉得这条路是走不通的。

但就是这35元钱，却让南存辉觉得自己真是找到了一条财富之路。于是，2个月后，南存辉又投资5万元，将他的创业进行到底。

"四无"的南存辉决定在"借"字上大做文章。他亲自去请人才，并利用人家的设备来生产自己的产品。当时技术方面上海占主导地位，于是南存辉就去上海专门请了几个工程师来指导。求精开关厂就这样慢慢发展了起来。

南存辉把电器作为自己的主业，一卖就是24年。在这24年里，当初的许多同行都转移了战场，把资本投向房地产等利润高的行业里。但南存辉却独守阵地，始终没有改变。为了发展企业，就必须有创新的产品。为了在竞争中不被抛弃，南存辉开温州民企之先河，重奖科技创新，最高奖额与国家科技大奖一样，都是500万元。这样的投资，在外人看来简直就是疯了，但南存辉却一直坚持不动摇，至今，南存辉的企业在国内外累计拥有各种专利300多个。

也许，很多人都没有想到正泰集团董事长南存辉的第一桶金居然只是"35元"，但就是这35元钱让南存辉做出了正泰集团！

三、南存辉成功的秘诀

南存辉从一个街头小鞋匠成为身价过60亿的亿万富翁，除了时代赋予他的机遇以外，他自身的品质也是无法忽视的。

1. 坚持

南存辉没有因为第一次的挫折而放弃，这是许多人都不容易做到的。南存辉则用他自己的经历告诉我们，成功有时并不遥远，所差的其实就是坚持。

2. 诚信经营

电器是关乎生命安全的一项产品。许多温州人在创业之初，只求有产品卖出，对质量要求重视不够，导致生产的产品出现了安全事故。

而南存辉却严把质量关，在一次出口外国的电器发货过程中，意外发现货物外观色泽有问题。虽然不影响使用，但南存辉为了信誉，还是要求全部开箱检验。为此，耽误的海运时间让南存辉做出了一个大胆的决定，实行空运。

这个决定让南存辉付出了 80 万的额外成本，但随后却迎来了上百万的大订单。诚信经营让南存辉尝到了甜头。

3. 能攻善守

在企业的经营上，南存辉善守是公认的，与其他企业的多样化经营不同，南存辉多年来只经营低压电器，按照他的说法就是烧好自己的那壶水。就是这样的坚守，让南存辉创造出了低压电器的国内品牌。

同时，南存辉更会在该出手的时候出手。当温州人还在对股份制心存疑虑的时候，南存辉果断改造家族企业，稀释家族股份，让更多的人进入集团，成功推动企业上市，成就了一段财富的神话。

"废纸女王"张茵:
废纸变钞票

她是 5 年来第一位登上胡润富豪榜的女性，她是世界上最富有的白手起家的女性。10 多年来，她热心于各项公益事业，共捐赠 2000 余万人民币。

她就是有着"废纸女王"之称的张茵，这位从零开始的女性凭着不服输的劲头，凭着身上特有的那种军人家庭的干练和不怕吃苦的精神，成就了她自己的王国。

作为一个女人，想要在男人的领域内取得成功并超过男人，需要付出的代价是常人不可想像的，但张茵却做到了。面对大家的疑虑，张茵曾说："成功没有什么秘诀，就是厚道、勤奋、专一！"

这也许就是张茵用一张张废纸成就了首富梦想的秘诀吧！

一、变废为宝

张茵，黑龙江省鸡西市人，祖籍山东，现任中国侨商投资企业协会副会长、全国政协委员、玖龙纸业集团董事局主席，被称为"废纸女王"。

1957 年 2 月，张茵出生在一个多子女的军人家庭，张茵在家里是老大。张茵儿童时期，她的父亲被迫入狱，本来并不富裕的家境也因此变得更加贫寒了。

张茵回忆说："那时只有逢年过节才能吃上肉，衣服也是修修补补。但母亲总是鼓励我们独立自主地去面对人生、解决问题，这也为我现在的事业打下了良好的基础。"

和同龄人相比，张茵是幸运的。虽然，家里的条件不好，但张茵还是进入了大学学习。

毕业后的张茵，先后在工厂做过工业会计，在深圳信托下属的一个合资企业做过财务工作，还在一家香港贸易公司做过包装纸的业务。就是这份在

香港公司的工作，使她看到了创业的商机，也找到了自己创业的方向。

1985年，张茵开始自己创业，她在香港回收废纸，然后在广东开办纸厂。此时，张茵在广东的全部资产只有一台造纸机器。

在香港，一个大陆来的女子想要取得成功是非常不容易的。但张茵却凭着诚信经营，站稳了脚跟。

1990年，张茵移民美国，决心在这个遥远而强大的国度开创自己的新事业。

美国是一个商业发达的国家。在这里经商，更多的是需要智慧和专业知识。5年的造纸生意，让张茵在专业知识方面不逊他人，同时，在商场的摸爬滚打，让她具备了敏锐的头脑。张茵在美国创办了中南有限公司，依然从事废纸回收和造纸。

她把在美国收购到的废纸，通过集装箱运回到广东开办的工厂，经过再加工以后，生产出优质的牛卡纸，再运回美国市场销售。经过如此经营，在不到10年的时间里，张茵在美国就开了好几家打包厂和运输公司。

在美国获得成功之后，张茵又把目光投向了国内，创立了玖龙纸业。

随着业务的扩张，张茵又在广东东莞和江苏太仓建立了生产基地，玖龙纸业成为当地最大的外资企业，光游览厂区就需要开十几分钟的车。玖龙纸业的生产几乎就没有停顿的时候，这样的企业，要是能上市，自然会是股民追捧的目标。

2006年张茵的玖龙纸业在香港上市，首次公开发行时竟然获得500多倍的超额认购。玖龙纸业的总市值达到375亿元，因为张茵拥有玖龙纸业72%的股份，上市让她的财富疯狂扩张，并最终赢得首富称号。

当张茵荣获女首富的消息在股市一传开，玖龙纸业的股价一度攀升至9.30港元，创下了该公司上市以来的最高价。

二、废纸堆里的第一桶金

张茵在27岁时有着一份收入高的好工作，有个广东老板还要给她更高的薪水，让张茵给他打工。

但这样的舒适生活并没有让张茵满足，她一心想着要在更广阔的天地里证明自己。

1985年，张茵做出了一个让家人大感意外的决定，那就是辞职，到香港去创业。怀揣着3万元的积蓄，张茵来到了人生地不熟的香港。好在张茵曾在造纸厂工作过，并由此认识了一位造纸厂的厂长。这位厂长很欣赏张茵，热心地劝她从事造纸。张茵认为香港是个城市，没有造纸的原料，造纸应该不是个好行业。

那位厂长告诉张茵："造纸难道非得要树木吗？废纸不一样可以造吗？"厂长还对张茵说不要小看了废纸，它就是源源不断的财富源泉。

"香港是个百万人口的大城市，一天产生的废纸是个很大的数目，如果把这些废纸收集起来，运回广东进行再生产……"张茵想到这，就兴奋了起来，决定就干这一行。

张茵手里只有3万元，生产的规模不可能很大。她只能在东莞一个偏僻的地方置办了一台造纸机，就这样开始了她的创业生涯。

全家人都因为张茵的举动而紧张，就把张茵找回来，希望能够劝她回头。张茵却对妈妈说："妈，相信我是有准备的。我在合资企业任职期间与香港金融界建立了良好关系，为创业已经打下了基础，只是苦于没有找到合适的项目。现在中国造纸原料市场还没人做，发展空间很大。您放心，女儿一定会成功的。"

看到女儿这么坚决，做父母的也不好再说什么了，他们只是在背后默默地支持着张茵。

在香港收集废纸也不是一件很容易的事。当时的行规就是往纸浆里掺水来赚钱。信守诚信的张茵坚决抵制这种做法，为此，她受到了同行的歧视以及黑社会的恐吓，甚至连合伙人都离她而去。

在当时的香港，从事废纸回收行业的人地位并不高。但无论多么困难，张茵都告诉自己要讲信义、确保废纸的品质、不拖欠货款。

但凭借着诚信的品格和吃苦耐劳的精神，又恰逢香港经济蓬勃发展的机遇，短短6年时间里，她就淘到了第一桶金。

张茵说道："香港从事废纸回收的虽然是些文化程度较低的人，但特别讲信义，与我特别投缘，再加上我坚持废纸的品质，又恰好赶上香港经济蓬勃时期，因此6年内我就完成了资本部分积累。"

三、成功的启示

作为一个女人，又是在远离家乡和亲人的异地打拼，张茵能够战胜各种苦难，取得成功，自然是有她的秘诀。

1. 找好定位

首先你要明确自己的定位，知道自己适合做什么，不要勉强自己做根本就不喜欢的事情，更不要没有方向，没有定位。

2. 心胸宽广

你只有做出让人佩服你、尊重你的事情，才能得到同行的认可，这需要你有宽广的胸襟。

3. 要专注、坚持

广东有句俗话："吃得咸鱼就要挨得渴。"所以一个人若想创业成功，关键在于你是否专注、是否能坚持，同时，你还要经得起诱惑。

4. 要有前瞻性的战略布局

张茵在香港取得成功之后，没有满足，而是辗转到了美国。在美国奋斗10年后，她又把目光投向了机会更多、劳动力和市场更为广阔的祖国大陆。这样时时具有前瞻性的战略布局，让张茵时刻走在财富的前列。

5. 家人的支持

家庭与事业间的平衡也是获得事业成功的关键，你与另一半要相互理解，这样才会有幸福的家庭生活。

姚小东不要铁饭碗：
6000元成就大富豪

他是中国民营企业的杰出代表，是第三届全国优秀青年兴业的领头人，他旗下的"伯爵"牌塑钢型材、"鸿达"牌带钢、"滦河"牌水泥等产品都是全国公认的名牌产品，他就是河北滦河实业集团有限公司的董事长姚小东。

这位放弃铁饭碗靠水泥起家的姚小东，凭借着"生逢其时，时不我待"的理念活跃在水泥、钢材等制造业领域。

他把"凭赤子之心，回报社会；借四海之力，汇我滦河"时常挂在嘴边。

这或许是小作坊式水泥厂能变成今日的河北滦河实业集团有限公司的真正原因。

一、"钢铁富豪"是怎样炼成的

姚小东，河北唐山人，生于1967年，是中国民营企业的杰出代表，现任河北滦河实业集团有限公司的董事长，被誉为"中国改革之星"。

姚小东在电力大学毕业后，就职于唐山市陡河发电厂。当他在面对市场经济大潮时，毅然地辞掉了工作，从父母、亲友处借了6000元钱，开始"下海"经商。

由于资金有限，姚小东打算先从贸易和运输搞起，到有一定积累的时候，他再开始转行。

姚小东自1992年开始，从兴办水泥到投资煤井，不懈余力地改造了唐山市的多家企业，使得原来濒临破产的企业又重新焕发了光彩。

到了1998年底，他开始在原有的企业基础上，组建成立了唐山市滦河实业集团有限公司，至此一个多元化的企业集团已经初现雏形并蓄势待发。

随着中国城市化和重工业的转型，姚小东迎来了事业上的第一个高峰，

通过不断更新设备和工艺改造，使得唐山市滦河实业集团有限公司生产的钢铁有了质量上的保证，赢得了市场上的良好反响。

2002 年的时候，随着企业的不断扩大，他将唐山市滦河实业集团有限公司易名为河北滦河实业集团有限公司，形成了建材、钢铁、贸易、房地产并举的产业格局，并在同一年加入了中国钢铁工业协会，成功迈进了大型钢铁企业的行列，成为中国的钢铁企业 100 强之一，此时，滦河集团已迎来了一片崭新的发展天地。

近年来，随着国家支持民营经营发展政策的出台，民营企业也迎来了腾飞的重要机遇时期，但是受到钢材市场"供大于求"的影响，滦河面临着生存和发展的双重考验，姚小东深刻的意识到，要想在市场竞争中处于不败的境地，必须改变产业结构，解决品种单一的尴尬现状，充分的发挥自身的优势，走自主创新的道路。

从传统的钢铁冶金产业转型为科学技术水平含量较高的稀有金属冶炼是企业做出的重大调整。

2005 年，通过自主研发，滦河集团成功地掌握了钒铁矿高炉冶炼和转炉提钒的工艺技术，并把提炼出的钒渣销往了沈阳、上海、锦州等地。与此同时，他们通过自主研发，先后研究出的高炉冶炼钒钛矿工艺、铁水提钒工艺、钒钛烧结矿等技术都获得了国家专利证。

为了进一步延展产业链，滦河集团不断地加大内引外联步伐，寻求更多的合作，2006 年滦河集团积极参与了南京东南铁合金公司的改制，并从中获取了钒化工专利的技术，实现了企业的整体的战略转型，开始了滦河集团的第二次腾飞。而姚小东此时也从水泥厂的小老板转型成了滦河集团董事长。

二、水泥桶里盛放的第一桶金

1990 年，23 岁的姚小东在面对市场经济的历史大潮时，选择辞去了待遇较好的唐山市陡河发电厂的工作。从父母、亲朋那里借来 6000 元，开始单枪匹马的创业。

创业虽说是美好的，但是创业之路并不平坦。特别是放弃了一份稳定的工作和收入的姚小东，还承受着家人和社会上一些人的不理解。尽管如此，他还是选择顶住高压，开始在市场的浪潮中拼搏人生。

由于资金有限，又没有过硬的技术，姚小东选择把 6000 元的起步资金投放到贸易、运输中，寻求发展。可是，6000 元的投资并没有带来预想的回报，一天高强度的工作，让一直在国企养尊处优的姚小东有些"吃不消"。

但是，身上的 6000 元借款和无数等着看他笑话的人，让姚小东不敢怠慢，低利润的赚取和诚恳无欺的服务态度，让他慢慢地在市场上站稳脚跟，渐渐地有了回头客。虽然挣钱不多但是始终有利可赢。

随着经济的发展，搞贸易和运输的商人逐渐增多，利益空间的缩小和全国各地抓大放小的企业产权改革，让他觉得这是一个更好的历史机遇，他想再次站在潮头，充当市场的弄潮儿。

在唐山实地的考察了很多厂后，姚小东将目光投放在了水泥厂上。他认为国内经济良好，建设厂房和房屋必不可少，水泥厂一定能成为朝阳行业。

在坚定步伐后，他把做贸易和运输挣的钱和七拼八凑的钱一股脑的投放在水泥厂上，与人合作兴办了唐山市东发水泥厂。

虽然资金到位，合伙人到位，但是厂的选址，工人的选择都成了摆在他们面前的头一道难题。

为了节约成本，最大限度地利用资金，他们将厂址选址在一个较为偏僻的地方，并最大限度的满足工人的需求，从而吸引了一些技术过硬的工人。

尽管市场是变化莫测的，姚小东仍然坚信：只要生产出高品质的水泥，只要诚信经营，东发水泥厂就会在竞争中脱颖而出。

品牌在最初建立时是十分艰难的，这是因为人们始终对新事物心存芥蒂。经历了无数挫折的姚小东坚信：永不言败是商场上的通用法则。凭借着一股倔劲和不懈余力的改造技术，让这个守望者浅尝了成功的喜悦。

良好的水泥品质和较低的价格让姚小东他们产的东发水泥迅速地占领了市场。品牌的打响，也为姚小东迎来了无数订单和无数利润。

就这样，姚小东凭借其韧劲建立起来的水泥厂，为以后钢铁、水泥、房地产多方面发展的滦河集团提供了"第一桶金"。

三、"钢铁富豪"的成功宝典

从技术设备的改造到转型的战略调整，姚小东达到了事业上的高峰，顺利地把小水泥厂发展成了多元化发展的大集团，他也因此被誉为"中国企业的改革之星"。

姚小东的魄力是很多企业家都望尘莫及的，他眼光的独特是值得赞许的，如果你不具备魄力和独特的眼光，那么就好好的揣摩姚小东的管理策略吧。因为，这也是一个成功企业家必须具备的素质。

1. 用技术武装企业

不断地进行技术革新，积极研发新产品，让姚小东领导的滦河集团在市场竞争中具有绝对的竞争力。

2. 用人才充实企业

千方百计的吸纳人才，并每年拿出 100 万来奖励那些对企业做出突出贡献的员工；关心员工的生活质量，不断提高员工的福利待遇；并对不同层次的员工进行培训，提高员工的素质。

3. 用管理提升企业

建立完善的内部法人治理制度，实现所有权与经营权的分离；实施绩效工资，奖励员工的突出贡献；建立高效的营销机制，提高市场占有率；建立同国际惯例接轨的财务会计制度，提高企业的运营效率；自动化办公，提升企业的管理水平。

4. 用文化塑造企业

全面改版企业内刊《滦河之声》并加大宣传力度。同时，拿出公司的资金回报社会，向贫困地区、各地灾区、希望工程和修路建桥的公益事业无偿的捐款，实现经济效益和社会效益的双赢。

<h1 style="text-align:center">松下幸之助：
自行车驮起第一桶金</h1>

他的照片曾被用作美国《时代》周刊的封面，他被人们尊称为"经营之神"，是世界级的企业管理天才。他的名字在日本早已家喻户晓，他就是松下集团的创始人——松下幸之助。

这个谦和的日本人，仅用 100 日元创造出了世界罕见的松下奇迹，他卓越的经营才能和经营艺术让每一个企业家都为之神往。

松下幸之助曾用一句朴实的话概括了自己的经营哲学：要认真细心地倾听别人的意见。

大概就是这样的经营哲学，让这个怀揣 100 日元的平凡人成就了辉煌灿烂的成功人生！

一、"电器金刚"的财富人生

松下幸之助生于日本和歌山县，是松下电器、松下政经塾及 PHP 研究所的创办人，横跨明治、大正与昭和三世代的企业家，他被人们誉为"经营之神"。

1894 年 11 月 27 日，松下幸之助出生于一个家境非常贫寒的家庭，为了给家庭减轻负担，他上到小学四年级的时候，就离开了父母来到大阪，开始了他的学徒生涯。

刚到大阪时，他在一家自制自销的火盆店当学徒，主要工作就是用砂纸擦火盆然后打光，他还要兼顾带店老板的孩子。一个月下来，他的双手磨得伤痕累累，沾水就很痛，但是为了生计，他不得不继续留在这里。这样的学徒生活一直持续到次年 2 月。

当时，火盆店的老板有一个叫五代音吉的朋友，开了一家在当时非常流行的自行车店，于是他就把松下幸之助介绍给五代先生当学徒了。松下幸之

助在自行车店当学徒的主要工作就是：打扫卫生、整理商品，有时候还得见习修理自行车。松下勤恳踏实的态度让自行车老板开始欣赏他。

在自行车店学徒的日子，松下不仅解决了温饱问题，还对做生意的要领有了初步的理解。

自行车老板对招牌的珍惜、对顾客的礼貌友善、良好的资本运作、不断扩大的生意经，让松下在以后的生意生涯中，受益匪浅，这些生意经成为了松下幸之助的第一笔精神财富，是松下精神意义上的"第一桶金"。可以说五代是松下学徒时代的第一位重要导师。

随着时代的发展，自行车的普及率越来越高，老板的生意已经从零售商变成了批发商，松下也从一个10岁的小孩长成了15岁的小伙子。

这个时候，大阪市正计划在全市敷设电车。松下想到："如果有了电车，那么自行车的需求肯定会减少，未来不容乐观。如果电车开始普遍，那么电机事业会不会变得很有前途呢？"

想到这里，松下毅然辞职了。在姐夫的帮助下，他进入了一家电灯公司当职员。凭借刻苦好学和良好的技术，短短3个月的时间，松下就从见习生升级为正式的工人。

可是，没过多久松下又以"身体欠佳"为由辞职了，原因是老板不愿意采纳他提出的新型电灯插座的建议。于是，相信自己眼光的松下决定自己生产这种产品。1918年，松下用100日元起家，成立了松下电器公司。

创业之初是举步维艰的，资金和人员的短缺，还有技术攻关都是摆在松下面前的难题。但是坚持自己想法的松下幸之助相信困难都会过去的，他的设计没有理由不受欢迎。

在接到北川电器的电风扇底盘订货后，他一方面全力完成，一方面着手开发新产品。改良后的金属灯头，凭借其良好的质量保证和低廉的价格吸引了消费者，如雪片般飞来的订单更加让松下坚定了走自主创新的道路。

如今，松下已经成了世界公认的电器品牌。松下幸之助被人们誉为"世界级的管理天才"、经营之神。

二、穿梭于"电流"里的第一桶金

如果说"身体欠佳"是松下幸之助辞职走向成功的偶然机会，那么新插座的发明，则是坚定松下幸之助自主创业的必然条件！

在决定创业时，松下幸之助夫妇把住房退掉后，在生野区找了一间72

平方米的房子，其中 36 平米作为了厂房，另一间则成了卧室。他们怀揣着在当时连一套模具都买不起的 100 日元，开始了他的创业生涯。

虽然准备不充分，但是过去的两位同事在听说松下幸之助这个想法时，都答应过来帮助松下创业。另外，松下幸之助的内弟井植岁男也被姐夫从家乡召过来帮忙了，这就是松下创立的第一套班底——包括夫人在内的 5 个人。

场地、资金、人员虽然都已经到位，然而创业中最大的问题——缺乏专业技术知识，却是他们未曾考虑到的。

松下幸之助一直以来只青睐于发明，对电器方面的技术知之甚少，他的两位同事懂得的也不太多。但是出于对技术革新的浓厚兴趣，同时又碍于资金和人员条件的压力，他们只能先用土法做实验。

其中，最难的要数电插座外壳的材料问题了，虽然他们都知道这用的是一种合成材料，但对这种材料是用怎么样的比例，是怎么合成的都一无所知。松下和他的合伙人经过反复实验都没有成功。

正当他们为此头痛的时候，松下幸之助听说以前的同事正在研究这类产品。松下找到他说明来意后，旧同事很爽快地把研究的一些心得告诉给他了。松下听后，才发现原来自己的研究八九不离十。由此松下便在心中树立了"外行也可以成功"的信念，这对松下电器公司的发展产生了深远的影响。

产品虽然成功地做出来了，但是如何才能将产品尽快卖出去呢？这个时候本是信心满满的松下，反倒觉得没有底了。电器批发商一个都不认识，行情什么的都不懂，而且多少钱才是合适价位呢？他只好带着样品让老板去评估，请老板评说，然后决定价格。

那时候的人们对新事物很难接受，这让他们新产品的销售连连受阻。可是松下坚定地认为，辛苦做出来的东西一定会卖出去。

可是，10 几天的大街小巷来回宣传，只卖掉了 100 多个，这样的境地让他们知道，新插座并不符合市场的要求，要继续下去，就必须进行改良。

可是资金从何而来？没有计划、没有薪水保证、没有资金，在这种艰难的状况下，原来的两位同事为了谋生，都暂时和松下分道扬镳，公司只剩下了 3 个人。

松下并没有放弃努力，他深信这些困难只是暂时的，这项工作肯定前途无量。

执着地守望并没有换回成功，山穷水尽的他，只能把自己和妻子的一些

物件送入了当铺。松下相信，成功或失败只是一念之间。虽然插座并未成功，但是，仍有 100 多个产品放在了一些电器商店的货架上。

奇迹总是出现在那些有准备的人身上，一天，一家制造电风扇的公司在商店看见这种插座，对它外壳的材料产生了兴趣。他们委托商店，希望可以定做 1000 只这种材料的电风扇的底盘。

这个订单，对松下来说，无疑是雪中送炭。为了按时交货，他一连 7 天催促模具厂，等到试压没有任何问题的时候，他便把几个样品送给风扇厂验收。

年底交齐货后，他很快得收到了 160 日元的现金。扣除模型费等本钱，80 元的纯利润成了松下创业以来的第一笔收入。北川公司继续定做 2000 只的订单在次年年初交到了松下幸之助的手中。

初步的成功，让松下幸之助成功地挖到了事业上的"第一桶金"，为以后多元化发展奠定了扎实的基础。从这个时候起，松下幸之助的命运发生了巨大的改变，"电器金刚"正在逐步崛起。

三、给经营者的三十条信条

在日本，他被人们尊为"经营之神"，在西方社会，他被誉为"世界级的管理天才"。他的"终身雇佣制"、"事业部"、"年功序列"的企业管理制度开创了日本企业管理的先河。他成功的经营模式和出色的管理制度，时至今日都是经营者竞相借鉴的对象。

松下幸之助把 70 余年的管理经验和对经营的种种见解总结成了 30 条经营秘诀，虽然语言概括，但值得仔细揣摩。

利润原则：利润是企业应该获得的合理报酬，生意是为了服务社会而存在的，服务越多报酬就越多。

顾客原则：让顾客尽兴逛店，不可纠缠顾客。

质量原则：商品的质量是与其他同类商品竞争的最大优势。

货品原则：丰富多层次的货品可以满足，让顾客随意挑选所需要的。

将心比心原则：把顾客当作自己的亲人，诚恳地去了解顾客，才能赢得顾客的支持。

售后服务原则：完美的售后服务是获得固定顾客的唯一途径。

倾听原则：做生意的必要条件是倾听顾客的意见然后改进。

信用原则：信用高于一切。

销售计划原则：采购之前要做好销售计划和利润计划。

不怠慢原则：顾客无论大小，都要不怠慢，让他们成为你的主顾。

不强迫销售原则：要做好顾客的采购员，尊重顾客的需要。

多周转资金原则：一百元的资金周转一百次就是一万元。

态度和蔼原则：在遇到顾客退货时，态度一定要和气。

和和气气原则：当着顾客训斥店员会让顾客感到厌恶。

广告计划原则：广告是企业对顾客必须尽的义务，它可以迅速传播商品信息。

社会责任感原则：如果我不销售这种商品，社会就无法运作得圆满。

共存共荣原则：对批发商要和蔼亲切，互相切磋，以寻求更好的发展对策。

赠品原则：赠品无论大小都会让顾客高兴。

优待员工原则：店员是为企业工作的，待遇和福利方面应该合理。

商品陈列原则：创新和美化商品的陈列可以吸引顾客。

节约原则：该花销的经费一分都不能少，但是不该浪费的一分都不能浪费。

及时补货原则：顾客买不到需要的货品是一种疏忽，要向顾客道歉。

统一价格原则：价钱的统一是对顾客的保证，减价容易引起不愉快。

照顾弱小原则：要注意照顾携带孩子的顾客，学会从孩子身上下功夫。

掌握利润原则：都应该牢记今日的利润，看看今天是否真正赚钱了。

品牌原则：让顾客相信只要是这家店出售的，一定都是好的。

推销原则：有备而来的推销，可望得到成果。

饱满的工作热情原则：饱满的热情可使店里充满活力，聚拢顾客。

明白需求原则：了解顾客现在热衷的商品。

探求突破原则：不怨天尤人，依靠自己的力量奋勇前进。

索尼巨子盛田昭夫：
废 墟 上 的 崛 起

他与"经营之神"松下幸之助齐名，被人们誉为"经营之圣"，曾被美国的《时代周刊》评选为20世纪20位最具有影响的商业人士之一，他就是被公认为本世纪最有影响力的亚洲人士之一的索尼创始人——盛田昭夫。

这位协助日本从废墟中重新站起来的企业家，凭借着执着的信念和艰苦奋斗的精神，在短短的几十年内，将一个微不足道的小厂发展成了著名的国际性大企业。

他时常说："如果和机器沟通，那么完全可以用理性思考，如果和人共事，你则需要让理性的逻辑思维休息一下，这样才能顺利成功。"

他的创新思维和为人处事的原则或许就是这位"索尼老人"的制胜法宝。

一、"索尼老人"的财富历程

盛田昭夫于1921年生于日本爱知县，家里经营祖传的"子日松"酿酒公司，他们家族的酿酒厂在名古屋非常出名。

盛田昭夫从小就耳闻目睹父亲的经商方法，才上小学三年级的他就显现出了过人的经商才能。盛田昭夫在当时为同学设计了一种小纸贴，这种贴纸马上就风靡了整个学校，成了同学们的抢手货。

父亲的酿酒事业并没有引起盛田昭夫过多的兴趣，反而母亲的电唱机却成了他儿时的最大爱好，他一遍遍的听着《包利罗舞曲》，一边捣鼓电子产品，从订阅的各类电子杂志中，研究发现新鲜玩意儿。

读大学那年，父亲希望盛田昭夫学习经济或者法律，他却对物理产生了浓厚的兴趣，执意地报考了大阪大学的物理学科。

到了二战期间，盛田昭夫去了日本的一家军队研究所打杂，在那里他认识了索尼公司的另一位创始人——井深大，二人的想法一拍即合，于是，盛田昭夫放弃了舒服的阔少爷生活，开始了艰苦的创业之旅。

创业之路是曲折的，并非一帆风顺的。盛田昭夫和井深大自主研发的第一个项目——自动蒸饭锅，没有获得成功。然而，这却引发出了盛田昭夫对研发电器前所未有的热情。

盛田昭夫回到家中，和父亲说明了梦想，便开始了独立的创业路。他用了腰包里仅有的500美元，在一家百货公司的废墟中开了名为"东京电子"的公司。

刚开始的惨淡经营并没有抹去他的奋斗精神，在经历过千辛万苦的研究和上千次的失败后，于1949年，他成功的开发出了录音磁带。

后来，他们又经过了反复的实验发明了全世界第一台录音机，并于1950年开始正式的投放市场进行销售。

1953年，盛田昭夫到美国去谈购买半导体专利，他和美方很快地就达成了交易，这使得电子工业发生了革命性变化。这一年，盛田昭夫把东京电子公司更名为索尼公司。

索尼公司第一批生产的200万个袖珍版晶体管收音机刚投入市场，就出现了销售热潮，消费者的哄抢让这批晶体管收音机的销售额达到了250万美元之多。"SONY"这个名字也响遍了全世界。

1957年的时候，盛田昭夫又有新发明了——可以放置在口袋中的半导体收音机。这款产品刚上市就受到了消费者的热捧，150万台的销售量为索尼赢得了不少市场份额。

接着，索尼又在60年代推出了首批半导体录像机和三合一的电视机，并赢得了家电领域的世界性声誉。

在随后的几十年，索尼一直处于家电产品的领先地位。到了1993年，索尼公司年营业额已过亿美元，并顺利跻身世界500强的行列。"索尼老人"盛田昭夫也因此被誉为"20世纪最有影响力的企业家之一"。

二、废墟里挖掘的"第一桶金"

二战结束后，盛田昭夫就和之前在军队研究所认识的技术人才井深大一起创建了东京通信工业公司。

由于劫后的东京一片废墟，他们跑遍了整个城市，最后将公司建立在一个远离中心市区的一个废墟上。尽管环境恶劣，但是他们从来没有磨灭创业

的想法。

在创业之初，他们最先研究的项目是自动蒸饭锅。可是，出锅的饭不是夹生就是糊的，这让他们觉得这条路大概是走不通了。于是，他们利用自己的专长，把研究的领域改到了无线电的研发。在两个人没日没夜的研究下，他们试制出了磁带录音机和磁带。

这种录音机要比钢丝录音机使用起来方便很多，而且它的录放音质好，磁带的生产成本也比钢丝的成本低。

在得到专家的好评后，盛田昭夫欣喜若狂地认为这是一个伟大的发明，认为它必然会得到消费者的热捧。但是，情况比他预期的要差很多，许多人都不知道这个发明是一种什么东西，无法接受这款产品。

于是，盛田昭夫决定把大量的精力都放到产品的推广中，他用汽车拉着产品，到学校、公司、商店去推销他的新产品。虽然推销搞得非常红火，但是购买的人依旧很少。盛田昭夫百思不得其解后，突然茅塞顿开。他觉得：一定要向需要它的人推销，新产品才会有销量。

盛田昭夫开始进行了有针对性的推销产品，当他得知许多的法院速记员因为人手不够需要加班的时候，他马上带上他的新产品去法院展示新产品的录音功能，法院很快就下了大批订单。

随后他又把销售重心转入了学校。这是因为当时日本在驻日美军的控制下，开始普及英语教育，英语老师的不足，让盛田昭夫看见了学校市场的广阔。

但考虑到大多数学生的购买力有限，盛田昭夫和井深大又在原有的款式上，设计出了一种价格比原来便宜，体积比原来更小巧，更适合学校学生的磁带录音机。

这种录音机一经问世，就迅速普及到了全国各地的学校，成为了当时的热销货。

由于录音机的热销，盛田昭夫事业迈入了高速发展的轨道，他也从一个养尊处优的阔少爷成功地蜕变成了磁带录音机的"泰斗"，这也为他的事业积累了第一桶金。

三、给青年朋友的创业经

从一个20多人的小作坊到一个全球性的大公司，索尼公司的成功轨迹实际上就是索尼创始人盛田昭夫的致富路。他是用什么样的方法成就了索尼公司世界 500 强企业的殊荣呢？他又是凭借什么成为了日本的"经营之圣"呢？

这么多年来，他一直被誉为"亚洲最有影响力的企业家之一"，他的创业故事和成功心得一直是企业家竞相借鉴的模板。他的几种魄力诠释了他的成功。

1. 永远的"第一个"

第一个磁带录音机与磁带；日本自制的第一台半导体收音机；第一台家庭录像机；日本第一家在纽约股票交易所上市的公司，日本第一个在美国建工厂的企业；第一个出售微型的收录机——随身听。

2. 不拘一格选人才

在用人方面，盛田昭夫从来都不依据学历，而是根据实际成绩和工作能力来聘用。为此，他曾经写过一本书——《学历无用论》，并发出了"让学历见鬼去吧"的感叹。

3. 重视产品质量

索尼公司重视产品质量，在消费者心中建立了很高的信誉。这使得索尼公司在激烈的市场竞争中能够立于不败之地，并发展成了巨大的跨国公司。

4. 会玩才会赢

盛田昭夫虽然是一个不折不扣的工作狂，但也喜欢玩乐，并且在玩中萌发了很多新点子。随身听就是盛田昭夫为玩而发明的。

第二章 抢占服务业的制高点

　　服务业是一个国家实现经济增长的重要形式，也是经济增长的主要推动力。如果有人能够抢占了服务业的制高点，他们就会成功收获颇为丰厚的第一桶金。

　　众多的"财神"，他们正是凭借其独有的魅力和经营智慧，抢占了服务业的一个制高点，才获得了如今的成就。

　　他们或是白手起家，或是接手亏损多年的烂摊子，或是抓住一个机会……凭借着不怕吃苦和不服输的精神，他们在激烈的竞争中收获了人生的第一桶金，并借着第一桶金的台阶，走向了自己的理想王国。

家电大鳄张近东：
小门面里开出家电航母

他的资产达 380 亿元，他将不足 200 平方米的小门面发展成为一家连锁超过 1500 家的大企业，他被誉为"中国连锁风云人物"，他就是颇具传奇色彩的苏宁电器创始人张近东。

在苏宁的发展史上，张近东的每一步都充满了风险和开拓精神，他甚至遭受过同行的嘲笑和集体打压，他的超前思路也曾经让人充满了疑惑，但就是这种敢为人先的精神，让张近东走向了成功。

回想起自己走过的路，张近东没有感叹运气对自己的眷顾，而是始终遵循坚持做自己、超越自己，不受任何的影响的行事准则。这或许就是张近东如何成为家电大鳄的秘诀吧！

一、家电大鳄的财富旅程

张近东是安徽人，出生于 1963 年。80 年代初，他从安徽考进南京师范大学，毕业后，由国家安排工作，留在了南京。在那个年代，张近东这样的工作是别人羡慕不已的。可是在中国的商品经济大潮前，年轻的张近东却按捺不住一颗跳动的心，想着要在这样一个时代做出点什么来。

于是，张近东下海开始做起了空调销售的生意。谁都没有想到，就是这次下海，凭借着 6000 万元的销售额、1000 万元的纯利润，让当时 28 岁的张近东成了千万富翁，财富增长达到 100 倍。

张近东的崛起，引起了同行的嫉妒。当时南京最大的八家商场，联合抵制苏宁电器，他们相约一起降价，并且威胁空调厂家如果给苏宁提供货源，就会受到抵制。

处于被包围态势的张近东没有退缩，采取了平价优势，一举击败了 8 家联合商场的挑战，苏宁电器一战成名天下知，当年的销售超过了 5 亿，成为

名副其实的第一大卖场。

成为千万富翁的张近东有资格在闹市区开店了。张近东在南京最大商圈新街口商圈中心兴建了苏宁电器大厦。

苏宁电器大厦建好后，有人建议张近东出租，这样他一年可以净赚3000万元。但此时的张近东已经不是"千万"就能满足的人了。他对外宣布：3年之内要在全国开设1500家连锁店。

在当时，家电连锁是一个新概念，而且全国的家电销售已经进入了卖方市场，竞争的激烈是可想而知。因此，所有的同行都对张近东的目标表示怀疑，还有的人认为他放着现成的钱不赚，却选择一条充满风险的道路，简直就是傻瓜。

事实又一次证明了张近东的精明。2001年，苏宁电器是40天开一家新店；2002年开店的速度提高了一倍；2003年，苏宁电器开店的速度上升到7天开一家新店；2004年是5天开一家新店；到了2005年，苏宁电器开店的速度达到了令人瞠目的2天开一家新店。

苏宁电器当之无愧地成为中国家电销售第一店，仅在南京新街口的苏宁店，年销售额就达到了10亿元。

成为家电大鳄的张近东没有满足，早在1999年，他就把目光盯在了股市上，他力争在5年内使苏宁电器成为上市公司。因此，在进行连锁扩张的同时，上市筹备也在紧锣密鼓地进行着。

对于一个私人企业来说，上市的艰难是可想而知的。张近东没有退缩，5年时间里，张近东按照证券所的要求，在公司内部规范了财务、人力等管理，终于，在2004年7月，苏宁电器在深交所上市，成为中国第一家IPO（首次公开募股）上市的家电连锁企业，张近东的身价也随之增长到了31亿。

看起来张近东的所有目标都已经实现了，他似乎可以休息，享受人生了。但张近东却清醒地认识到由于竞争的压力，家电销售在国内已经到了一个瓶颈，要想取得突破，必须有新的思路。

经过一番调研之后，张近东又做出了一个出人意料地决定，进军海外市场。

张近东把海外市场的第一站选在了日本，他收购了当时陷入困顿的LAOX株式会社并成为其第一大股东。在张近东看来，此举就是为了借助国际平台，实现苏宁家电在国内市场的转型。

20年的创业之路，10年的辛苦蜕变，张近东没有丝毫停步。美国百思买集团就是张近东要超越的目标，他要让苏宁成为国际大卖场。

张近东和他的苏宁一场接一场的经营大戏，谱写着商业经营的神话，让国人看到了一个商业奇才的超人智慧与非凡能力。

二、小店面里的第一桶金

在他人看来，张近东年轻时的经历是那么的顺风顺水。出生在安徽的张近东顺利地通过了当时被称作"独木桥"的高考，顺利地考进了南京师范大学，经过波澜不惊的大学生活后，毕业后又顺利地留在了南京。

在当时，能在南京落户，对于一个从落后的安徽来的学子来说，可算是买彩票中了头彩了。

可张近东并不是一个很安分的人，他没有把如此顺利的命运安排当作一种恩赐，相反，却把它当作了一次机会。

在南京这样一个都市里，张近东亲身感受到了当时经济大潮的汹涌澎湃。电视、冰箱、洗衣机，在南京各大商场简直就是供不应求。可以说，只要你能搞到货源，发财就是板上钉钉的事情了。

精明的张近东并没有马上就跳入这股浪潮里，他仔细地思索了一番，最后出人意料地选择了空调作为突破口。

在当时，空调属于奢侈品，南京又是闻名的火炉之地，空调的价格高居不下。凭张近东的实力，想经营空调，无异于痴人说梦。况且，他的全部积蓄，在当时连一台空调都买不起。

聪明的张近东没有去销售空调，而是找到了商场，承接了安装空调的业务。

当时，安装空调的人才奇缺，张近东要承包，商场自然喜出望外。于是，各大商场的空调安装都找张近东。一个销售旺季下来，张近东轻而易举地赚了10万元。

有了这10万元，张近东的心就更大了。他立刻辞去了原来稳定的工作，决心自己干出一番大事业来。干什么呢？卖空调！

张近东在当时远离市区的地段，租了一间不到200平方米的门面，又招了十几个员工，苏宁电器在人们怀疑的目光中开张了。在一些人看来，卖家电就应该选择在闹市区开店，张近东选在市郊，想赚钱那还不比登天还难？

张近东租下了宁海路60号的一间门面房，一年的房租是7万元，再加上十几个员工的工资，这对于当时只有10万元启动资金的张近东真的是

冒险。

当开业庆典的鞭炮声响渐渐远去之后，张近东的内心却使终无法平静。他自己现在也说不清是高兴还是忧愁。现在的张近东必须考虑的是如何解决资金不足的问题，他现在连进货的钱都拿不出来了。张近东费尽脑筋也想不出到哪里去找进货资金，突然他灵机一动："如果先卖货，再进货，就不愁有没有钱进货了。"

20 世纪 80 年代末、90 年代初正是短缺经济时代，供不应求是典型的市场特征。所以，"先卖货，后进货"的营销手法，在当时供不应求的市场条件下，还真是一条出路。

1991 年的夏天，南京特别热。张近东发现商店的销售情况也进入了疯狂的状态，不仅是企业事业单位纷至沓来，就连一些小的经销商也纷纷过来到他这里拿货。

张近东收到了一笔笔买空调的钱，他都客气地对买家说："因为近些日子买空调的人非常的多，所以稍等一天再去给您上门安装。"实际上，人家一出门，张近东就赶紧拿着钱去进货，然后再送货上门安装。

尽管空调销售的价格高，顾客还是络绎不绝。张近东抓住机会，不但做商品零售，还做批发，他常常自己坐着火车去进货。

谁都没有想到，这样小小的空调店面，却让张近东赚得了 1000 万元的第一桶金。张近东也凭借这第一桶金开始了自己的财富神话。

三、不同寻常的成功之路

每一个成功人士的路都是不同寻常的，张近东的成功扩张之路曾经是 90 年代商业营销教材的经典案例，但他的成功之路真的就是教材上写的那样吗？答案当然不会是那么简单。

1. 远见和缜密的特质

在中国，应对商业大环境，就是要靠超前一步的远见。张近东的每一个商业传奇，从开始的销售空调到后来的家电连锁，每一步都体现了他的远见和缜密。因为有远见，所以他没有走弯路；因为缜密，所以他没有失败。

2. 全心为顾客着想

家电销售给人的印象是打价格战。张近东最不满意的就是价格战，他更喜欢打服务战。

在南京，苏宁电器的售后人员达到了 4000 人；24 小时的热线电话，进顾客家换鞋套、旺季维修、淡季保修的服务程序，再加上先进的物流配送和信息管理系统，这些才是张近东克敌制胜的法宝。

3. 超出常人的胆略和创新性

张近东的前瞻性为他的事业打下了基础，但到了事业发展的瓶颈期，张近东又创新地亮出了"规模经营、厂商合作、专业服务"这三张王牌，使得苏宁成为家电大鳄。

随后，他又规划出"信息化、标准化、专业化"的发展策略，开创了"1200 工程、3C＋模式、旗舰店战略、后台战略"等一系列让人眼花缭乱的经营管理创新模式，构筑了苏宁电器的国际化管理平台。

成功并不是不可复制，这主要取决于你辛勤的汗水和智慧的付出！

物流领头兵王树生：
6 万变 70 亿

他是"物流帝国"的掌舵人，也因其率先包租波音 747 货机并一年包机运输 300 驾次而被称为"包机大王"，他曾荣获"中国物流十大风云人物"、"第二届中华十大经济英才"、"亚太最具创造力华商领袖"的殊荣，他就是天津大田集团有限公司的创始人王树生。

历经 16 年的商海风雨历程，王树生带领的大田集团，通过不断地学习运用，勇于创新，坚定地向"中国最佳综合物流供应商"的目标迈进，成就了"物流第一"的美誉。

他时常说："当你设定了目标，就要朝着目标坚持不懈地努力，这样，你的目标就可以实现。"

凭借着这样的人生信条，王树生将 6 万元的创业资金，变成了 70 亿的巨额财富。

一、"物流领头兵"的财富路线

1954 年，王树生出生在天津市一个普通职工家庭里，家里兄弟姐妹 5 个，父亲因病长期在家休养，失去了挣钱养家的能力，一家人都指着母亲在绣花厂挣的 50 多元工资过活。

1982 年，王树生认识了现在的妻子姜红霞，这才令王树生产生了创业的念头，因为，他知道"好日子"是对妻子的一个不变的承诺。

从有心创业到真正创业，王树生用了 10 年时间。1992 年，王树生辞去了天津公安局的职务后，他用尽了所有积蓄 6 万元，创立了天津大田集团，经营航空货物的代理、航空包机等业务，从此开始了他在中国物流界的不平凡历程。

王树生在征得了天津国航货运部的支持后，率先包租了波音 747 货机，首航俄罗斯。凭借着航空的安全、快捷的优势，他赢得了不少经济效益。

到 1999 年的时候，王树生凭着敏锐的洞察力，使得大田集团和世界规模最大的航空快递公司促成了合资。合资公司获得飞速发展，每年的营业额都以 30％以上的速度递增。

2003 年 8 月，王树生把大田集团总部从天津搬到了北京，并聘请了多个国家的高层管理团队，建立了新的管理模式和组织架构，不断地提升服务质量，并积极地和国家现代物流接轨，大田集团已从一家区域性的空运代理企业逐步变成了全国性的综合物流企业。

2008 年，王树生致力于打造中国公路运输的标准产品。他投资了 4 亿人民币，搭建起了遍布全国的运营服务网络，用高科技手段与贴心服务成功地打造了中国最专业的零负担服务商。

16 年的商海拼搏，16 年的风雨同舟，王树生带领的大田集团通过不断学习先进的现代物流管理理念，开拓进取，业务领域从最开始的空运涉及到国际货运、物流配送、仓储物流。

目前，大田集团在国内主要城市和经济区域拥有 33 个综合物流配送中心、23 个国际货运代理公司、7 个保税仓库，营业网点多达 114 个，大田集团已经成为中国现代物流与国际接轨的先行者和领航者。

二、"浮"在航线上的第一桶金

谈到王树生的开始创业，还要从他认识妻子姜红霞说起。王树生当时只是个身无分文的小交警，姜红霞却不图钱、不攀富贵地选择了他，这让王树生很是感动。

在结婚当天，王树生就扪心自问："这么好的一个姑娘能够爱上我，如果我不能使她过上好日子，真是天地不容。"

从那时候起，王树生就下定了决心要去商海打拼了，并开始等待着时机。

10 年时间很长，长到可以夺取女人青春靓丽的容颜；10 年时间很短，短到王树生从未忘记最初让妻子过上好日子的梦想。他 10 年磨一剑，不张扬、不妥协，只是默默地观察创业时机。

1992 年的时候，王树生最终下定了决心，抱着"不成功则成仁"的态度，迈出了创业的第一步，开始了人生的大转折。这天，他来到了天津公安局，递上了辞职信，准备离开工作了 20 年的工作单位。

当时，同事们和局领导再三劝说，让王树生要三思后行，不要一时的冲动，断送了旱涝保收的"铁饭碗"。

对于同事们的担心，王树生特别的感激，然而他心里一直保存着那个不为人知的目标：让妻子、孩子都能过上好日子。这个想法已经由来已久了，如果再不实施，恐怕以后就没有机会了，趁着年轻，身体就是创业的本钱，有妻子的支持，一切地困难都不是困难。

于是，王树生揣着仅有的 6 万元积蓄，开始创业，在天津创办大田空运公司。

那时候，为了合理分配这 6 万元资金，王树生不断地思索，不断地市场调查。调查后王树生发现，货运市场发展的不太平衡，海陆货运竞争过度，空运相对来说比较冷落，风险大、运费高是人们普遍不肯空运的主要原因。

然而，王树生认为：风险大，机遇也会大。如果能懂得避开风险，变不利为有利，肯定会成功的。

就这样，王树生找到了国航的天津货运部，说明了自己的想法和策划，并最终打动了国航天津货运部。

在国航天津货运部的支持下，王树生率先在天津机场包租了波音 747 全货机，开始了从天津到俄罗斯的飞行，开创了天津机场包机飞俄罗斯的先河。

王树生抓住了前苏联解体后形成的市场机遇，并凭借其科学安排舱位与尽可能地减低成本等优势，创造了很大的经济效益。就这样，王树生在国际联运业务中挣到了人生的"第一桶金"。

这一年，大田空运完成了第一个阶段的业绩期许，一年的包机运输多达 300 多架次，王树生也开始被称为"包机大王"。他完成了从小交警到大田空运老板的转变，为以后的"物流老大"打下了坚实的基础。

三、"物流领头兵"的创富密码

从小交警到今天"物流航母"大田集团的董事长，王树生只用了 16 年的时间，不到人生的四分之一时间，他就完成了从小人物到大角色的成功转变。其实，每个成功人士背后都有一个值得讨论的成功秘诀。

如果说，王树生最初的创业目的，是为了能让妻儿过上好日子；那么，王树生今日的成就，大概就是来源于自己的人生态度。这个态度确实值得我们去揣摩。

1. 付出与回报的正比例

王树生倡导的是付出与回报的正比例，让企业、客户和员工可以达到共赢的价值理念，使得员工可以死心塌地的维护企业形象，实现三方利益的完美平衡。

2. 以人为本

员工和管理者之间的平等，上级要为下级服务，不强调自己的"一把手"地位，要懂得和员工平起平坐，确实实际地解决员工遇到的问题。只有这样，才能使员工无忧地为企业服务。

3. 学无止境

懂得学无止境，要不断地提高自己，用高科技技术使企业全面提升，以便更好地服务客户，帮助企业更好地发展。学习不光是个人的事，要懂得分享和借鉴，只要对企业是有利的，都可以采用。

4. 客户第一

客户永远是上帝，没有客户就没有企业今天的发展。

5. 员工至上

员工是企业最重要的财富，要建立一个好的团队，就需要重视员工。不管是本土管理人才还是外籍跨国人才，只要能为企业带来高质量服务和高利润的，都要得到重用。员工是企业的根本，一定要懂得"员工至上"这个道理。

超级船王包玉刚：

旧船进军航运业

　　他打破了中国在航海领域的沉默，一举坐上了"世界船王"的第一把交椅，美国的《新闻周刊》与《财富》杂志称他为"海上之王"与"海上的统治者"，他就是香港十大财团之一环球航运集团的创始人包玉刚。

　　这位以旧船起家的老人，在30多年变幻莫测的商海中，披荆斩棘、屡战屡胜，凭借着不认输的精神，把"旧船"发展成为了今日的商业大航母。

　　他时常说："只有老实做生意，规矩办事，别人才会对你有信心。"

　　或许就是这种"言必信，行必果"的踏实态度，才使得包玉刚在生意场上如鱼得水。

一、"世界船王"的财富图

　　包玉刚1918年生于镇海庄市钟包村一个普通商人的家中，在当时，他的家庭还算富裕，这使他接受了较好的教育。13岁的时候，父亲把他送到上海求学，他进了一家船舶学校学习了船舶。后来，战争爆发，他辗转到了重庆后，自作主张的进入了银行，当起了职员。

　　19岁那年，他与父亲携带着一些积蓄，来到了香港闯事业，父亲看好房地产，而包玉刚却执意要做航运业。他认为航运是一种国际性活动，前途不可限量，在下定决心后，便开始四处了解和船舶有关的情况，认真地研读和航运以及船舶有关的书籍。

　　到了1955年，包玉刚用光了家里所有积蓄和四处借来的钱，买了第一只船"金安号"。尽管这只船已经用了27年，尽管它是排水量为8000多吨的烧煤货船，但它被包玉刚视为了"创业之舟"。

　　长期出租"金安号"在当时非常冒险，也是史无前例的。然而这种细水长流的出租方法使得包玉刚长期都有一定的收入。在采取长期租用的经营方法的同时，他还思考着发展事业，但是资金短缺是摆在眼前的事实，光靠自己生意很难壮大，得靠银行帮忙让事业得到进一步发展。

包玉刚四处奔走，寻求借钱门径，凭着诚实和娴熟的业务水平，1956年，他用"金安号"为抵押，从银行取得了一笔资金。偶然的一个机会，包玉刚用100万美元购得了一艘7200吨的船，并很快找着了租主。

同年，埃以战争爆发，苏伊士运河关闭，海运业务开始变得十分的兴旺。别人都劝包玉刚趁机赚一大笔钱，而他却选择了依然按旧租金给东南亚的老雇主运货，这样可以避免和西方大批量船主发生竞争，同时他乘机增购了很多船只，扩大了经营规模。

等到埃以休战，西方大批商船都无所事事了，而包玉刚的船只凭着良好的信誉和低成本的优势，已经稳扎在东南亚。

60年代初期，包玉刚又决定把租船业务发展到英美的一些石油公司。凭借着低廉的价格，包玉刚获取了亚洲航运业的控股权和国际石油海运市场中十分可观的份额。

这样看似吃亏的业务，实际上却让包玉刚赚得了很大利润，让他从海运行业中脱颖而出。

到1977年时，环球航运集团以1377万载重吨成为了"世界船王"。到1980年时，环球航运旗下的船只已达到了200多艘。第二年，包玉刚的船只吨位已经达到了2100万吨，他也因此成为了"世界船王"。

在海洋上，他的事业红红火火，但是他并不满足于此。70年代，他确定把事业重心开始转移到陆地上来。他将在海运中挣的部分资产投资到房地产行业，兼营交通运输和酒店。为了能够取得成就，他决定通过股权收购的方式稳步进入大企业。

在香港首富李嘉诚的帮助下，他又顺利购得了九龙仓集团30％的股份，还奇迹般地在3天之内调集了21亿现款，增持了九龙仓集团的股票，成功地控制了这家一直看不起华人的资本公司，扬眉吐气地为华人出了口恶气。

1985年，包玉刚又成功地夺得了英资集团会的德丰股权；1986年包玉刚一举收购了香港渣打银行14.5％的股份，成为了这个银行最大的个人股东。

至此，"世界船王"成功登陆。他的海上王朝和陆地王国也因此达到了顶峰而且直至现在都在稳步发展，而包玉刚也成了一个奇迹，为后人津津乐道。

二、旧船装载的"第一桶金"

谈到借钱创业，大多数人都会觉得风险太大，不敢尝试。他凭着初生牛犊不怕虎的精神，靠"借钱买船"发家，最后成为一代"船王"。

包玉刚出生在一个商人家族，从小的耳濡目染让他对"做生意"充满了好奇和向往。13岁那年，父亲把他送到了上海的一所船舶学校学习船舶专业，这为他以后的海运事业奠定了基础。

战争爆发了，包玉刚从上海辗转到了重庆，在那里他放弃了继续深造的机会，而是去了一家银行，成为了一名普通员工。凭借着七年努力和经验积累，他从职员成为了上海地区副经理。然而，包玉刚在仔细分析中国时局后，毅然选择放弃了工作，和父亲来到了香港开始了他的创业之旅。

到香港后，他和几位从上海来的朋友开设了一家华人商行，开始经营进口贸易。没多久，美国开始对中国大陆采取封锁禁运，这让他的华人行的生意一落千丈。华人行开不下去了，这让包玉刚变得有些伤感，但他却从未打消创业的念头。

包玉刚想去跑船。少年时期学习船舶知识让他意识到：航运是国际性的业务，应该会很有前途。然而他面临的第一个难题就是缺钱，就是把所有家当都用了，都不够买一艘旧船。他四处借钱，却始终是杯水车薪。

于是，他想到了银行。他在银行工作的时候，曾看见不少商人来贷款，可是没有抵押，怎么能顺利借着钱呢？成功人总会得到各方帮助，在朋友介绍下，他竟然在没有任何担保的情况下，从一家日本银行借到了钱。

借到钱后，包玉刚很快就从英国买下了一艘使用了27年、排水量仅为8000多吨的烧煤货船。包玉刚给自己生命中的第一艘船取名为"金安号"，请人重新整修后，开始长期出租，由印度直接运煤去日本。

当时，世界航运业都遵照着传统地按次结算，而包玉刚实行的这种长期出租形式比按次结算便宜很多，当然，利润也低了不少。因此，这种经营模式曾让包玉刚受尽了耻笑。

包玉刚却对此有一番自己的想法。他认为自己并不熟悉这个行业，先长期的出租给别人，看上去像是不合算，但是却可以获得稳定收入，而且在这期间，他有更多时间去学习航运业务。

在他购买"金安号"的第二年后，受战争影响苏伊士运河被关闭了，这时候海航费大幅度上涨了，大家纷纷劝他从中赚一大笔，而此时他毅然不为所动地选择和商人们长期合作。

他认为这样可以避免和西方船队直接竞争，在大家都在为包玉刚叹息的时候，航运却迎来了萧条期，很多航运公司这时候都纷纷倒闭。而每个月稳定的租金，却让包玉刚的环球航运集团渡过了难关，得到了迅猛发展。包玉刚也因此获得了事业起步的"第一桶金"，并为以后企业发展壮大奠定了坚实的基础。

三、"世界船王"的成功宝典

30多年商场的拼搏经历，磨就了包玉刚所向披靡的巨剑，成就了辉煌梦想，让他成为了华人界中创业的神话人物，给后人提供了津津乐道地传奇人生。

他的成功源于他的生意理念，他在商海中的屡战屡胜值得后人学习，他在商海中的步步为营值得后人揣摩。

1. 宁可少赚钱，也不要去冒险

在当时航运界，大家遵循按次结算的方式，他却选择了长期合作，虽然挣钱不及按次结算多，却有稳定的收入。也是这样的理念，让他成功地逃过了航海业的萧条，并取得了稳步发展。

2. 保持清醒的头脑

思路是方向也是目标。头脑清醒是他屡战屡胜的秘诀之一。在航运业红火时，他没有放弃"长期合作"的经营模式。在有些积累时，他没有选择安于现状，而保持清醒的头脑选择去陆地上发展房地产和运输业。

3. 信誉是最大的财富

他把信誉比成"签订在心上的合同"，靠着信誉度高使得他和银行建立了良好关系，解决了资金短缺的问题。

江南美女张兰：
血汗加拿大

她是正黄旗的后裔，她受邀到美国白宫，为布什做了一顿总统午宴。她的会所接待了 40 多个国家的首脑，英国前首相布莱尔对她说："LAN Club 是我去过的最好的一家会所。"

她就是有"餐饮女皇"之称的张兰，她凭借着坚强而极具耐力的意志，用自己的方式，诠释了一个天才的卓越梦想。

张兰曾说过："川菜不仅是麻辣，同时它还有酸、甜、苦、怪等多种味道，它就像我们经常形容的人生一样，酸甜苦辣样样都有。"

张兰的一句话，说出了她的心路历程，更道出了她不平凡的人生。

一、江南美女成功走俏

张兰于 1958 年出生在北京，父亲是清华大学的教授。但张兰的出生没有给家里人带来一点喜悦，因为，就在张兰出生的那一天，张兰的父亲被打成了"右派"。这让张兰的家庭环境一落千丈，从张兰记事起，小伙伴们就叫她"狗崽子"。

张兰 10 岁的时候，她的小弟弟也出生了，因为父亲的原因，张兰的母亲被下放到湖北安陆 57 农场。张兰也随着母亲去了湖北的农村，到了那里，她们住的地方上面就是鸡圈，下面就是猪窝。

但就是在这种艰苦的环境下，张兰却还感觉特别的快乐。她每天早晨四、五点钟就起来了，然后就开始学鸡叫，因为她听说这样可以让母鸡早下蛋。捡到鸡蛋的张兰，就把鸡蛋煮熟给弟弟吃。

张兰在学校的学习成绩也非常的好，老师经常会把她的作业拿到讲台上去展示。这也让张兰从小就非常有自信，因为自信，张兰把她这一生经历的无数风险和磨难，都看成是一种财富。

张兰 18 岁的时候回到了北京，受清华大学教授的父亲的影响，张兰认为自己一定要上大学，因为她懂得知识就是力量。于是，她在国内商学院读完了 MBA。

1989 年，30 多岁的张兰，只身前往加拿大留学。两年后她又再次飞回了祖国。

回国后，张兰骑着自行车，头裹着纱巾顶着北风在北京城转了 3 天。她要租房子，自己开店，自己做老板。张兰在东四的街面上发现了一张出租房屋的小纸条。她联系了房主，租下了房子。

1991 年"阿兰酒家"成立了，很快，张兰又开烤鸭店、鱼翅海鲜大酒楼……继而，张兰卖掉了日赚 50 多万的海鲜大酒楼，将 9 年时间变成 6000 万现金，创立她的中餐品牌"俏江南"。

"俏江南"专攻写字楼商务人群市场，当时不少人劝张兰，高档写字楼租金高，投资大，客源少，风险太大了。然而张兰有自己的想法："白领消费者最具理性，如果这个地方确实符合他们的口味，他们会带朋友来。"

"俏江南"的门口是一座拱桥木板，两丛翠竹掩映桥边，精致的藤椅，手编的竹帘饰物，江南风情就这样展现。流光溢彩的美式冰吧，意大利式简洁的吊灯，使中式餐厅又平添了几分现代感。这是张兰聘请哈佛大学建筑系的美籍华裔设计师设计的。

对美有执著追求的张兰说："对于每一家店的装修，我是不惜代价的。"

渐渐地，俏江南与国贸齐名，很多人开始"慕味而来"，俏江南火了。从国贸中心开始，万泰北海大厦，到嘉里中心、盈科中心；北京、上海、成都、杭州，遍布全中国。"俏江南要做中餐中的 LV"——张兰口号一出，俏江南便开始进军伦敦、纽约……

二、打黑工，血汗中的第一桶金

张兰 18 岁的时候被母亲带回到了北京，也结束了她在湖北农村的生活。

18 岁的张兰已经是一个大姑娘了，拥有旗人贵族血统的她出落标致可人，走在大街上常被星探"盯上"，甚至被追赶到公车上。当星探问张兰愿不愿意当明星时，张兰的回答只有一个字："不。"

张兰有一个梦想，那就是一定要赚好多的钱！她觉得做明星赚的钱不够多。

可是，大学毕业后的张兰，却没有赚到大钱，只是平凡地工作着。后

来，她就结了婚，生了孩子。

1989 年，已经是孩子母亲的张兰，却始终不肯放弃赚钱的梦想。她要赚取足够的钱，要让自己的儿子去国外上学，她要让自己的孩子堂堂正正地做人，不要像自己小时候一样。

1989 年，张兰去了加拿大留学。

张兰在加拿大的生活目标就是"挣钱"。她的第一份工作是打黑工洗盘子，一小时 3.5 美元，她一天干 4 家餐馆，连续干 16 个小时。在当时，张兰一天挣的钱相当于国内一个月的工资。

地位低下、寄人篱下的生活并不是张兰想要的，所以，这种日子显然不是张兰心中的目标了。张兰想，什么时候自己能够赚得两万美元就立刻回国。为了这个目标，张兰每天早起晚归，最多的时候一天打 6 份工，一双手在美发店洗过头发，在餐馆抹过桌子，甚至扛过上百斤重的猪肉。

张兰回忆说："在餐馆打工，每天进店就有无数的事情等着你，甭想抬头，卸车扛猪肉，一扇就有上百斤。其中的辛苦常人无法体会。"

命运的抉择通常只在一念之间，张兰当时心里清楚：只要过完圣诞节，回国的决心就会动摇。就这样，张兰没有和家里任何人商量，就踏上了回程的飞机。此时，距圣诞节只有 4 天。

就这样，张兰攥着打工赚来的第一桶金——2 万美元回了国。她放弃了加拿大绿卡，放弃"华人选美大赛冠军"头衔，放弃国外优越的一切。张兰带着她的第一桶金，带着她的梦想，飞回了故土，开始她的创业之路。

三、俏江南的魅力所在

连续荣获"中国十大财智人物"、"中国餐饮十大影响力人物"、"全国十大最具影响力 CEO"、"年度时尚女性"、"影响中国女性生活精英人物"、"中国职场女性榜样"等称号的张兰为什么这么走俏？

炫目的光环背后所隐藏的底蕴、所折射的深邃、所体验的思索、所历练的感悟，对于每一个渴望成功的人来说，都是宝贵的财富。

1. 没有丑女人，只有懒女人

其实人在每一个年龄段，尤其是女人都能够散发不同的美，年轻的时候是青春的美，中年的时候是成熟的，老年的时候是智慧的。克林顿夫人已经60 多岁了，但她的气质仍然在影响全球的女性。

2. 创业也要有艺术家的心态

不是拷贝，不是钻市场的空子，不是学别人。一定要有创新意识才能生存。金融危机的产生就是因为很多人都去拷贝别人、模仿别人、低价无序的竞争，才会扰乱了这个市场。

3. 良好的心态很重要

人生会有很多明天意想不到的事情。做好心理准备、思想准备，不管明天给予你的是痛苦还是快乐，你都应该用一个非常好的阳光心态去接受它。乐观地把握住了人生每一次机会，你就会发现你每天都像上楼梯一样，而不是像下楼梯。

4. 管理方面要刚柔并用

张兰说："俏江南今天的成功确实与我严格管理的风格和个人性格特点有很大关系。在我带领俏江南这个团队 10 年的发展历程中，我有意识地逐渐形成了自己独有的管理特色，这就是先进科学的管理手段加我个人刚柔并用的管理风格。"

5. 博采众长，兼收并蓄

张兰一直以来都坚持不断地学习，再忙、再累也不放弃学习。任何的企业都在追求与时俱进，你的管理要与时俱进，你的思想也要与时俱进。企业的核心人物则更要与时俱进，因为企业的核心人物要带领企业不断走向良性发展。

弗雷德·史密斯:
UPS，这就是物流

联邦快递是全球最大的快递公司，业务遍及全球 211 个国家和地区，每天平均处理的货件多达 500 万件。联邦快递创始人弗雷德·史密斯开创了隔夜交货的速递方式，因此他被誉为"创造了一个新行业的人"，同时，他还被称为"联邦快递"之父。

作为联邦快递的创始人，人们总是把史密斯传颂为富有冒险精神的企业家，他为了追求理想可以不停地冒险，可以挺身而出与美国邮政总局较量，甚至去夜总会赌博，利用赢来的钱发放一次迫在眉睫的工资。可以说，正是他的冒险精神和过人的胆识，成就了今天的联邦快递。

一、高风险的财富之路

弗雷德·史密斯，1944 年 8 月出生于美国密西西比州。

出于对飞机的喜爱，史密斯参军回来就购买了一家处于亏损的航空公司股权，经过他的巧心经营，这家航空公司扭亏为盈了，营业额更是上升到了900 万美元。这样的成绩并没有让史密斯满足，经过一番市场调查后，他决定自己独立创业。

1971 年 6 月 28 日，史密斯创立了"联邦快递"公司。

开业之初，联邦快递向 25 个城市提供服务，但遗憾的是，公司一开始就出现了亏损。在前 26 个月里，联邦快递公司亏损 2930 万美元，欠债主4900 万美元，公司随时可能倒掉。

为了改善经营情况，史密斯竭尽全力争取客户，开拓市场；为得到美国行政总局的合约，联邦快递公司在西部开辟了 6 条航线，在与其他企业的竞争中，他把价格降得很低，以致有人怀疑他是否还有利润。

功夫不负有心人，形势终于开始朝着有利于联邦快递的方向发展。随着航空运输业的迅速发展，一些主要的运输公司缺少运载工具，放弃了许多小城市的运输业务，将主要力量集中到了主要城市，这为联邦快递公司的发展提供了巨大可能。

1978 年，联邦快递上市了。1980 年的时候，联邦快递公司的收入就达到了 4154 万美元，利润达到了 3700 万美元。

到了 20 世纪 80 年代末期，联邦快递公司的年度营业收入超过了 35 亿美元，纯利润 1.76 亿美元。他们的服务面向全世界 90 多个国家，拥有员工 5.4 万名，各项业绩指标都跃居全世界航空货运公司的首位，成为全球隔夜快递业的龙头企业，弗雷德·史密斯也当之无愧地被誉为"隔夜快递业之父"。

二、毕业论文里的第一桶金

史密斯从小就对飞机表现出了浓厚的兴趣，他 15 岁就拿到了私人飞机的驾照。1962 年，史密斯进入了耶鲁大学，攻读经济学和政治学。

在耶鲁大学，他对飞机的爱好得到了很好的发挥，他还报名参加了海军陆战队后备役军官训练班，从那时起，飞机和运输就成为史密斯毕生思考的问题。

1965 年，史密斯在大学毕业论文里大胆地提出了以航空中心为基础的空运配送模式，并对当时必须经由多家航空公司转运货件的运送方式提出了质疑。他指出，如果成立一个能够直接运输、讲究时效的货运公司必将受到市场的欢迎。

然而，在导师看来，"买飞机专门用来送货"的想法太荒谬，而且也是根本没有经济实用价值的，何况当时美国政府对空运航线设置了诸多限制，这种想法很不现实。

所以，史密斯的论文评分只得了一个"C"，然而谁也没想到，正是这篇不到 20 页的经济学论文，后来却成了史密斯联邦快递公司的纲领性文件。

22 岁那年，弗雷德·史密斯应征入伍，参加了越南战争。3 年后，他从越南回来，基于自己对飞机的浓厚兴趣，购买了一家叫阿肯色航空公司的股权。

这是一家长期亏损的飞机维修公司，史密斯了解情况后，改变了公司的经营方针，使它成为收购和销售废旧飞机的交流中心。

在史密斯的经营下，短短两年时间，公司的营业额就上升到 900 万美

元。但美中不足的是，飞机零件的递送非常慢，总是不能按时送达，这让史密斯非常恼火。

这时，史密斯又想起了他的毕业论文——他想创立一家给顾客连夜快递小包裹的公司。

公司成立之初，史密斯就希望与美国联邦储备系统合作，因为他敏锐地察觉到：当时的联邦有许多票据需要在银行间传输，这将是一个很大的市场。

可是几周以后，史密斯得到的却是"联邦储备系统拒绝接受隔夜快递服务"的消息。

计划失败了，特地购买的两架飞机被闲置在机库里，刚刚建立起来的联邦快递公司面临着首战失利的沉重打击。

然而，史密斯没有气馁，他始终坚信自己论文中的理论是正确的。

从 1972 年到 1973 年初，史密斯投资 75000 美元组成了由专家、飞行员、技师、广告代理商等组成的高级顾问小组，再次进行市场研究，制订营业计划。

通过对市场潜力更深入的可行性分析，他们明显地发现，随着新兴技术的兴起，美国传统的工业重镇日趋没落，而那些名不见经传的小地方正在迅速崛起，旧有的货运系统正在改变，现在流行的是包裹托运。

重新制定的营业计划比以前更加详细了，但也需要更多的资金。为了调动资金，史密斯几乎动用了一切手段，包括自己的遗产、华尔街的金融大亨、亲戚的积蓄，终于筹得了 9600 万美元。

同时，他把公司搬到了家乡孟菲斯，因为那里的天气更适合飞机降落，然后定购了 33 架飞机，到 1973 年 4 月，几经周折，联邦快递终于正式营业了。

1974 年，老对手联合包裹运输公司的员工长期罢工，铁路快运公司即将破产，这也为联邦快递公司提供了发展公司业务、改善公司状况的好机会。

1975 年，联邦快递公司的经营状况开始好转，7 月份公司开始盈利，当年的营业收入达到了 7500 万美元。凭借对自己论文理论的信心，史密斯终于赚得了金额不小的第一桶金。

三、弗雷德·史密斯的个人魅力

联邦快递公司是 20 世纪下半叶伟大的创业传奇故事之一，是风险投资案例的一个奇迹，也是企业开拓进取、敢于创新精神的代表。联邦快递的成功和弗雷德·史密斯的胆识和冒险精神是分不开的。

1. 不屈不挠的顽强精神

弗雷德·史密斯在越战中磨炼了自己的意志，培育了自己不屈不挠的顽强精神。随时可能到来的死亡和危险，增强了他应付企业经营失败的顽强精神，也教会了他如何管理和激励自己的员工，敢于面对困境。

2. 独特的个人魅力

公司成立初期，弗雷德·史密斯争取了很多的风险投资，这和与他的个人魅力不无关系。许多参与投资的风险投资家都承认，正是被弗雷德·史密斯的个人魅力所吸引，他们才会冒着风险为其投资。

3. 视信誉为企业的生命

信誉是企业的生命，为了履行"绝对、肯定地隔夜送达"的承诺，联邦快递公司在服务方面可谓精益求精。从公司刚刚成立的时候起，他们就已经意识到服务质量的好坏是公司在激烈的市场竞争中成败的关键，他们尽量简便客户托运货物的手续，并以准确、快速、可靠的服务赢得客户的信任。

4. 善于把握历史机遇

进入 20 世纪 60 年代以后，美国经济越来越依赖服务业和高技术产业，这一新的产业布局造成了人员和产品的分散，因而急需隔夜快递公司的出现，这是时代的挑战，更是难得的机遇。

弗雷德·史密斯敏锐地发现这一机遇，并勇敢地接受挑战，紧紧地把握住了这一历史契机，首创了"隔夜快递"这一新兴的服务行业。

宜家家居创始人坎普拉德：
5 岁 的 小 商 人

　　他有着惊人的赚钱天赋，他 5 岁开始就开始做生意，17 岁在父亲的帮助下成立自己的公司，几十年来他的商场遍布全球各地。

　　他被称为世界首富。他就是坎普拉德，宜家家居的创始人。

　　他最经常说，"能否再便宜一点"，成本时刻都在他心中，这大概就是一个小商人成长为世界首富的秘诀。

一、"世界首富"的成功轨迹

　　1926 年，坎普拉德出生在瑞典首都斯德哥尔摩南部的一个小村落里。

　　在坎普拉德 11 岁的时候，他卖掉了一批花种，这是一笔大买卖。从那以后，他简直是迷上了销售这个行当。他又用父亲给的钱和银行汇票去进货然后卖出。那时他的床底下塞满了各种各样的货物。

　　1943 年，坎普拉德已经 17 岁了，在自己生日到来时，父亲帮助他建立了自己的公司，取名宜家（IKEA）。

　　最初的时候，宜家经营的只是一些钢笔、皮夹子、画框、装饰性桌布、手表、尼龙袜等低价格商品。

　　随着公司的发展，坎普拉德逐渐意识到自己经验十分缺乏，于是，他去了商学院进修。

　　通过学习坎普拉德懂得：要做一个优秀的生意人，就要用最简捷、最廉价的办法把商品送到顾客手里。这一观点也成为了他最基本的营销理念。

　　坎普拉德读书的时候也没忘做生意，他经常到学院图书馆，察看登着进出口广告的商业报纸有没有什么适合自己的消息。为了获得最低价位，坎普拉德每当选定一个对象后，就直接从厂家进口商品。

　　一次，他看中了一种钢笔，于是，他就用蹩脚的英语给那个外国制造商写信，就这样，他成了那种钢笔的瑞典总代理。

但钢笔总代理并不能满足坎普拉德那颗充满梦想的心，他想做一个更大的事业。

当时，坎普拉德的祖国瑞典，正处于经济迅速发展时期。大量的农村人口开始向城市转移，刚刚从农村到城市的人们迫切需要找地方住下来，他们还需尽可能便宜地装修新房子。于是，坎普拉德就把眼光投向了家具行业，宜家开始大量生产家具。

1953年，宜家历史上非常著名的一个节约成本的成功案例出现了。

有一次装箱的时候，一名员工说："天啊，这样实在太占地方了，不如把桌腿卸下来放在桌面上。"就这样，"自助组装家具"出现了，宜家开始采用平板包装了。

坎普拉德也因此得出一个降低成本的理论："自助组装家具生产得越多，运输途中的破损现象就越少，运费成本就越低。"

此后，宜家走上了可拆装家具之路，这条路让它成为今日的全球家具巨头。

成功后的坎普拉德没有忘记帮助别人，他先后设立了各种公益基金，力所能及地帮助儿童和其他需要帮助的人们，并且建立了以他母亲名字命名的癌症研究基金会，宜家公司总部的员工们在圣诞节都会向这家基金会捐款。

如今的坎普拉德，过着半隐居的生活。买东西时，他会首先选择折扣店；买菜时，他会在傍晚菜价便宜时开着那辆老得掉牙的沃尔沃去买菜。他还会亲自到全球巡店，说不准某天清晨他就会出现在斯德哥尔摩或者南美洲的某个宜家店里并帮着卸货，让店员们措手不及。

二、5岁小商人，赚得第一桶金

没有人会想到，坎普拉德在5岁就开始了他的第一次商业之旅。

从年幼时开始，他就有着强烈的挣钱愿望，打定主意今后要做个商人，这与他父亲费多尔有关。

费多尔受过系统的林业教育，他有很多设想，但总是因为缺钱而无法实现。

坎普拉德小时候经常跟父亲在林中散步。有一次，坎普拉德的父亲指着一片林地对他说："我想在这里修一条路，但这要花很多钱。"从那时起，坎普拉德就决心以后要挣好多钱，帮助父亲实现他的计划。

坎普拉德的幼年生活得无忧无虑，家中也不缺钱，但他却热衷于向邻居推销商品。

5岁的一天上午，坎普拉德开始了他的"第一桩买卖"。一个小伙伴找他，他说想让坎普拉德陪他去买火柴。在路上，伙伴一直抱怨去商店的路非常的远，还说如果可以的话，宁愿自己搭上一些零花钱，也不希望走这么远的路去买火柴。

说者无心，听者有意。那时的坎普拉德已经有了赚钱意识，听了伙伴的话，他突然想起自己家里有多余的火柴。他想："我是不是可以和小伙伴做一笔生意呢？我可以把火柴卖给小伙伴，这样他既不用走那么远的路，自己也可以赚得一笔零花钱。"

有了这个想法以后，坎普拉德兴奋地告诉伙伴他能和他做这个买卖，因为他家恰好有一些多余的火柴。

显然，对他们合作双方来说这笔生意是双赢的。他的小伙伴也觉得这是一个很不错的想法，他们开始进行价格谈判。谈判时，坎普拉德拿着火柴盒和他的小伙伴讲这笔交易给小伙伴带来的便利和这些火柴的价格，俨然像一个生意人。

很快他的小伙伴就觉得这笔生意的确让他得到便利并且火柴价格合理，下午他们就成交了。交易的成功使坎普拉德尝到了盈利的快乐滋味，以及说服他人的满足感，也使他懂得机遇这个词的意义。

就这样，坎普拉德赚到了他生平的第一桶金，尽管这一桶金是如此的微不足道，但对于坎普拉德的一生来说却是如此意义重大——他成功地成为了一位"卖火柴的小商人"。

三、告诉我们的话

坎普拉德用他独特的眼光开创了自助组装家具的先河，他的事业更是因此创下了一个个财富传奇。那么，在宜家里究竟蕴含着什么样的奥秘呢？

1. 省钱就是赚钱
坎普拉德最擅长的就是节约成本。成本降低了，利润就提高了。

2. 利用好资源
资源的浪费，在宜家是一种致命的过失。一个没有成本核算的目标计划是决不能被接受的。在宜家成功运作之前，没有任何人把家具卖遍全球。理由很简单，体积太大，运费太高。把衣柜和奔驰运到中国，两者运费相当，但价值和利润却相差数百倍。

3. 无限的热忱

做任何事情都不能是三分钟热度，只有保持无限的热忱，才能保证不半途放弃。

4. 低成本、高质量

宜家不仅要求控制成本，还要求在低成本中获取优质产品，这无疑是宜家产品现在销量仍遥遥领先的原因。

霍华德·舒尔茨:
小咖啡磨出大财富

他用30多年的时间让咖啡的香味飘香了四大洲30多个国家；他把一种古老的商品发展成为与众不同、具有高附加值的品牌；他用小咖啡磨出了大财富——他就是星巴克的董事长霍华德·舒尔茨。

霍华德就是靠着一杯杯咖啡挤进了福布斯富豪榜，如今他的个人身价已超过10亿美元，他用咖啡香谱写了一个餐饮业的传奇。

一、星巴克咖啡的飘香财富路

星巴克（Starbucks）如今是一个耳熟能详的名字，但他最早却不是咖啡店的代名词，而是小说中主人公的名字。

1975年，霍华德·舒尔茨获得商学学士学位后，便进入施乐的纽约分公司谋得一份销售员的工作，可不久，他又跳槽到一家进口瑞典厨具的公司，成为该公司美国分部的副总裁。在销售产品时，他发现了位于西雅图的一家叫"星巴克"的小公司。

霍华德·舒尔茨被这家小咖啡店的咖啡香深深地吸引了，经过考察，最终，他选择辞去了工作，加入了星巴克公司，并斥资400万美元重组星巴克，推动了星巴克向意式咖啡馆的转型，并完全以自己的理念来经营星巴克，为公司注入了长足发展的动力。

1992年6月26日，星巴克在美国号称高科技公司摇篮的纳斯达克成功上市。作为一家传统的咖啡连锁店，1996年8月，为了寻求更广阔的海外发展，舒尔茨飞到日本东京，亲自为第一家海外店督阵。之后，星巴克大力开拓亚洲市场，并进入中国台湾和大陆。

有了强大的资本后盾支持，星巴克的经营一飞冲天，以每天新开一家分店的速度快速扩张。自1992年上市以来，其销售额平均每年增长20%以上，利润平均增长率则达到了 30%。

经过 10 多年的发展，星巴克已从昔日西雅图一条小小的"美人鱼"进化到今天遍布全球 40 多个国家和地区，连锁店达到近一万家的"绿巨人"。星巴克的股价攀升了 22 倍，收益之高超过了通用电气、百事可乐、可口可乐、微软以及 IBM 等大型公司。

星巴克公司如今已成为北美地区一流的精制咖啡的零售商、烘烤商及一流品牌的拥有者。并且，星巴克公司在北美、拉丁美洲、欧洲、中东和太平洋沿岸 37 个国家拥有超过 1.2 万多家咖啡店，拥有员工超过 11.7 万人。

时至今日，舒尔茨加入星巴克已经有了 20 多个年头，同时他也铸造了自己的光辉形象。现在舒尔茨是一位十分富有的人，个人控制着 1800 万股份，市值达 6 亿美元。同时，他还是 eBay 的早期投资商，也拥有该公司价值数千万美元的股票。据估计，舒尔茨的个人净资产超过 10 亿美元。

二、打工赚来第一桶金

1961 年的冬天，对小小的舒尔茨来说，是那么寒冷。当卡车司机的父亲出了事故，从此失去了半条腿，终身与拐杖为伴。因为工伤，父亲失去了工作，这意味着家里失去了经济来源。

此时，母亲怀孕也已经有 7 个月了，如此一来，舒尔茨一家原本一贫如洗的生活更是雪上加霜。每天的餐桌上，只有少的可怜的面包和苦涩得难以下咽的咖啡。

舒尔茨 12 岁那年的圣诞节前，外面家家灯火璀璨，唯有他的父母依然在为如何借到钱而愁眉不展。父亲暴跳如雷，大骂几个孩子是吸血鬼，让他们滚，不要再让他看着心烦。母亲忍着眼里的泪花，让舒尔茨将两个弟妹带到街上去玩。

满街的流光溢彩，一点也吸引不了肚子饿得咕咕直叫的三个孩子。这时，舒尔茨发现一家便利店门口摆放的促销品琳琅满目，一罐包装精美的咖啡牢牢吸引住了他的目光。一瞬间，一个大胆的念头从舒尔茨的脑海中一闪而过。他让弟弟妹妹们先自己回家，随后迅速走了过去，将那罐咖啡拿起来塞进了自己的棉衣里。

不幸的是，店主正好走了出来。像电影中的镜头一样，那个体型强壮的男人大叫着抓小偷，朝舒尔茨冲了过来。舒尔茨拼命地朝家里跑去，那一刻这个男孩的想法很单纯，他不想听到父亲永远在饭桌上抱怨咖啡太难喝，他

希望能将这罐咖啡当作圣诞礼物送给父亲。

当舒尔茨兴高采烈地跑进家门，将咖啡交到父亲的手上时，父亲疑惑的看了他一眼，然后问他是什么。男孩的心脏因为紧张而跳得很快，他结结巴巴地说是在路口捡的，想送给父亲当圣诞礼物。那个整日醉醺醺的男人没有再追问下去，还轻轻摸了下儿子的脑袋说："谢谢你，儿子！"

这个刻骨铭心的平安夜留给舒尔茨的不是咖啡的浓香，而是痛苦的滋味，他发誓努力奋斗，有一天买得起最香的咖啡。

此后的日子里，舒尔茨在寒冬为皮衣生产商拉拽过动物皮，在炎夏为运动鞋店的蒸汽房处理过纱线。他打过的零工永远在变，唯独与父亲的矛盾没有停息。这样磕磕绊绊地，舒尔茨以优异的成绩考上了大学。

在获得商学学士学位后，他进入了著名的施乐驻纽约分公司，成为了一名出色的销售员。他在 6 个月的时间里每天打 50 多个推销电话，在曼哈顿城从第 42 街跑到第 48 街，从东河跑到第 50 大道，登上每幢写字楼，敲开每间办公室的门。他努力去竞争和比拼，只是为了向父亲证明自己选择的人生没错，他绝不会虚度年华。

3 年后，舒尔茨挣到了可观的佣金。他不仅给母亲寄了钱，还破例地为父亲挑选了一份别有意味的礼物，那是一箱产自巴西的上等黑咖啡豆。年少时那场因咖啡引起的事件，对他来说是一生无法忘却的耻辱。他打了电话回家，第一次和父亲聊了几句。

父亲只是淡淡地回应了几声，甚至语带讥诮地说："你拼了命去读大学就是为了能买得起咖啡？"

舒尔茨毫不客气地说："是的，我用努力证明了自己买得起咖啡，也买得起想要的人生。而你，最好用这些巴西咖啡豆为自己冲泡一杯真正的黑咖啡，品尝一下苦涩的滋味是怎样的。"就这样，两人的交谈再次不欢而散。

为了不被父亲看扁，舒尔茨决定做出更大成就来刺激他。此后他跳槽进入瑞典厨房塑料用品公司驻美国分公司。仅仅干了 10 个月，瑞典公司就委任他为美国分公司的总经理，年薪 7.5 万美元。到 28 岁时，他所取得的业绩已经远远超出了自己原来的人生计划。

凭借着自己想为父亲证明能力的意念，舒尔茨愣是靠打工积累了人生的第一桶金，这也是他引领星巴克走向辉煌的重要资金。

三、成功开店的秘诀在于选址

星巴克在其经营规则中很重要的一条就是，不惜重金抢占黄金地段。星巴克对选址所表现出的关注源自于其对市场和客户群的科学定位。

星巴克认为，只有黄金地段才能衬托出星巴克的高雅品位。星巴克选址极为挑剔，绝大部分店面都选在了大饭店、大商场等高档区域。

事实证明星巴克是对的，它用销售业绩给出了最好的答案。那么，星巴克选址主要考虑哪些因素呢？

1. 客户群定位

确定在目标区域内的目标客户有多少，明确未来发展空间的大小。星巴克一直是都市小资的最爱，有着非常稳定的高端消费人群。

2. 店铺在主干道上或临街

主客流通道是首选，交通便利，保证有足够的人流和客流。高档区域是"第三空间"的无形的围墙，围墙保证了星巴克的高贵品质，为星巴克披上了时尚和高品位的外衣，也使得星巴克和巷道中散乱的咖啡馆严格区分开来。

3. 选择现房

"即租即开"可以保证在最短的时间内，利用最少的资金开设最多的店面。在租价方面，星巴克通常采用固定租金和流水分账两种方式，但在目前开业的店面中，采取流水分账的方式居多。

4. 选择首层

首层的店铺具有通透性和可视度，方便客户进入，明亮的落地玻璃窗增加了星巴克的通透感，使这个空间脱离了一般咖啡馆的神秘和暧昧。

山姆·沃尔顿:
从小镇走向世界

　　他是从小镇走出来的零售店创始人,他的家族5人在2001年包揽了福布斯全球富豪榜的第7至11位,5人的资产总额达到931亿美元,比世界首富比尔·盖茨高出344亿美元,成为世界上最富有的家族。

　　他就是山姆·沃尔顿,沃尔玛超市的创始人,他用独特的"女裤理论"谱写了一曲曲财富神话。

一、沃尔玛的财富传奇

　　在沃尔玛开业之初,他从不会在任何一个超过5000人的城镇上设店,保障以绝对优势成为小城镇零售业的支配者。山姆·沃尔顿说:"我们尽可能地在距离库房近一些的地方开店,然后,我们就会把那一地区的地图填满;一个州接着一个州,一个县接着一个县,直到那个市场饱和。"

　　正确而独特的经营策略,使沃尔玛的经营逐步走上了正轨,而且出乎意料地红火起来,这更坚定了沃尔顿创业的信心。他决定搞连锁经营,扩大企业规模,逐步将沃尔玛发展成为大型的连锁商业零售企业。

　　在扩张战略的选择上,精明的沃尔顿冷静分析了当时的市场分布情况,没有像其他企业那样重点在大城市布局,而是避开竞争,走"农村包围城市"的道路。

　　在具体的扩张策略上,沃尔顿主要采取由里向外,递进发展,先是以公司总部为轴心,逐步向四周扩散。

　　在沃尔玛的一路征程之中,山姆·沃尔顿以其卓越的领导才能和非凡的经营理念实现了多个飞跃:当早期折扣店作为一种新的业态在城区出现时,山姆·沃尔顿便以其独到的敏锐眼光看到,类似的商店可能在农村和小城镇市场有很大的发展潜力。

按美国零售业经营常识，在人口不到 5 万的小城镇开办折扣店是行不通的，但山姆·沃尔顿却以惊人的魄力打破了这一惯例。

1990 年，沃尔玛终于成为美国第一大零售商。但是，沃尔顿似乎并不满足现状，他决定向海外市场进军。

1991 年，沃尔玛海外的第一家连锁分店在墨西哥城成立。在此后的数 10 年间，沃尔玛将业务拓展到包括英国、韩国、巴西、德国、加拿大以及中国等 10 个国家，旗下的国内外连锁分店已达到 5600 多家。

1996 年，沃尔玛在中国深圳成功开设了亚洲第一家沃尔玛购物广场和山姆会员商店，迄今已在中国开设了 26 家连锁商店。1999 年，沃尔玛国际员工总数达到 114 万人，成为全球最大的私有雇主。

今天，沃尔玛的成绩令整个商界折服，虽然沃尔玛历史并没有美国零售业百年老店"西尔斯"那么久远，但在短短的 40 多年时间里，它已经发展壮大成为全美乃至全世界最大的零售企业，在短短几十年中有如此迅猛的发展，不得不说这是零售业的一个奇迹。

二、"女裤理论"赚到第一桶金

"一件商品，成本 8 角，如果标价 1 元，销售数量就是标价 1.2 元的 3 倍。我在一件商品上所赚不多，但卖多了，我就会有利可图。"——这就是山姆·沃尔顿的"女裤理论"，这实际上就是薄利多销的理念。

1962 年，可以说是整个廉价销售业大发展的一年，沃尔玛最初的发展势头是无法与那些拥有很强实力的大公司匹敌的，虽然山姆·沃尔顿在早期发现了折扣商店这一商机，但在沃尔玛发展初期，几乎没有人相信或支持山姆·沃尔顿自己投资折扣商店的想法，也找不到一个像样的投资者甘冒风险，投资沃尔顿的这种商店。

在两年中，山姆·沃尔顿辗转 20 万英里的路程，调查了全国范围的市场竞争情况。在详细调查了公司的重要商店以后，他认为折价是一个绝妙的主意，其诀窍在于高周转率。

他还从中反省自己管理公司的问题，他认为：沃尔玛公司在百货经营方面发展过度，布局不合理，以至于出现了在繁华地带自己的商店相互竞争的局面。在其他折价销售商们不惜血本地猛降价格时，山姆·沃尔顿的公司由于经营成本过高而使其销售停滞不前，利润下滑。

沃尔玛开始主要经营的是名牌商品，价格定位自然较高，但当时国内经

济很不景气，沃尔玛为了避开大城市商业的竞争，又主要选择在小城镇建店，面对的是大量中低收入水平的顾客群，因此如果价格定位过高，顾客就会跑到城里或其他商店去购买。

山姆·沃尔顿认为公司若要摆脱困境就必须采取相应的折价经营策略来参与市场竞争。

沃尔顿的"女裤理论"，不仅使沃尔玛的销售额一路攀升，而且为日后的规模扩张打下了坚实的基础。借助此项理论，沃尔玛很快就在消费者心目中树起了质优价廉的良好形象。

此后，沃尔玛很快打出了"天天平价"的招牌，并始终奉行着这一经营宗旨。就这样，"女裤理论"不仅使沃尔玛的销售额一路攀升，为山姆·沃尔顿收获了第一桶金，而且为日后的公司扩张打下了坚实的基础。

三、沃尔玛节约成本秘笈

既然"天天平价"是沃尔玛对顾客的不变承诺，那为了实现这一承诺，就必须要有低成本，必须比竞争对手更加节约成本，必须严格地控制开销，控制损耗。沃尔玛的低价格来自于低成本，而低成本则来自于高效率的管理。沃尔玛获得成本的优势在于软、硬并举的高效管理。

（一）机器代替人力降低成本

除了创造优秀的理念，沃尔玛所拥有的最大优势就是它具有几乎完美无瑕的实施能力。沃尔玛借助网络降低成本就是一个很好的案例。

2000年，沃尔玛和其竞争者凯玛特、西尔斯都已经成功导入了信息系统，并将他们背后的整个操作流程串联起来。但由于沃尔玛比其他厂商更早导入了信息系统，从而使其每个工作人员的生产力始终高于其他竞争者，因此，他们的营业额也始终高于其他竞争者。

（二）在广告上压缩投入

对于商家来说，一味地追加广告投入，营业额并非一定成正比例增长。美国一般大型百货公司每年在电视或报纸上要做50～100次广告，而沃尔玛只有12次。面对广告泛滥的美国市场，沃尔玛一再地缩减广告费用，降低经营成本，这样绩效也会有明显的提升，并长久立于不败之地。

（三）低成本、高效率的特色管理

1. 办公条件简化

沃尔玛中国的内部管理口号之一是实现"无纸办公"，就是说，单凭先进的电脑系统就可以对整个商店进行管理，不需要额外做任何统计和记录之类的纸上工作。

2. SWAS 店中店

在部门管理方面，沃尔玛提倡每个人所负责的区域就是一个"店"，每个人就是自己店的总经理。这种方法可以很好地调动起员工的积极性和创造性，提高工作效率。

3. 盘点公司

在美国，有一家专门为沃尔玛做盘点的公司，每年 365 天不停地为分布在世界各地的 4000 多家沃尔玛连锁店进行盘点。

4. 草根会议和基层调查

每隔一段时间，店里都会举行"草根会议"，随意抽取各部门员工了解情况。

麦当劳：
M 创造的财富奇迹

当人们走在各个繁华街头，被赫然醒目的"M"标志吸引前去就餐的时候，都在惊叹：这个标志性的"M"背后拥有着多么辉煌的财富传奇。

如果说麦当劳是饮食服务业的先行者，是人们传统的生活方式的颠覆者，那么，雷·克罗克则是这场传奇的缔造者，是这场饮食潮流的主导者。

雷·克罗克，他将麦当劳的"M"金字光环放射四海，也使得自己与公司的辉煌相映生辉，以至于真正的创始人——麦氏兄弟反倒黯淡无光了。

一、麦当劳的财富路

52 岁的雷·克罗克认为餐饮业最重要的两个元素是低价和整洁，并由此营建了世界上最庞大的快餐王国——麦当劳。

看来，52 岁掌握了这一成功秘诀并不算晚，在这之前克罗克度过的是兢兢业业 30 年的推销员生活，不过，这个推销生活却让他结缘人生重大的转折点。

1954 年，克罗克与麦当劳结下了不解之缘。这位自诩为一战老兵的人对于自己眼光的信心坚不可摧。他曾经如此描绘这段往事："我当时已 52 岁，有糖尿病、早期关节炎，在早年的推销生涯里摘除了胆囊和大部分的甲状腺，但我始终相信，生命中最好的时光，还在前面。"

1961 年，克罗克最终说服麦当劳兄弟以 270 万美金的低廉价格将餐馆转让给自己。

此后，尽管从未改动过之前麦氏兄弟经营的基本格局，麦当劳还是进入了克罗克时代。他坚信整洁是餐饮业的核心。

从整个店面，到停车场、厨房地板直到店员的制服，克罗克不放过任何细节。此时，他简直像个苛求的魔鬼："如果你有功夫站着，你就一定有时间收拾整洁。"

在特色方面，克罗克几乎是精益求精。为一根小小的炸薯条，历时十年，耗资 300 万美元，改良了数百种制作方法，最终将它炸成了风味独特的知名食品。

1963 年，麦当劳每家店面门口的氖光灯管上都标识着超出 1 亿只汉堡的销售量；同年，身穿红条衣服黄色背心的小丑，雷纳德·麦当劳正式亮相。

约翰·马里亚尼那本著名的《美国人出外用餐》记载说："自 1965 年雷纳德·麦当劳上了全国性电视广告，6 年间，96％的美国孩子记住了他，远远高于当时美国总统的知名度。"

在严格的制度管理下，五年后，克罗克旗下的麦当劳发展到 1000 家店铺，到 1978 年达到 5000 家。经过 40 余年的发展，目前麦当劳已有近 3 万家店铺，遍布全球 114 个国家和地区，成为和万宝路、可口可乐齐名的三大品牌之一。

随着中国经济的发展，麦当劳在中国内地的市场也有着迅猛的扩展。现在，麦当劳的 670 家餐厅遍布在跨越中国大陆 25 个省市和直辖市的 108 个次级行政区域。

二、推销搅拌器，赚得第一桶金

出生在洛杉矶橡树园的克罗克，1917 年的时候，是一个急于上战场的 15 岁少年。为了能在当时的红十字会做一名救护车司机，他对自己的年龄撒了个无伤大雅的小谎，随即被送到康涅狄格参加培训。但他从未离开那里去过欧洲战场，因为之后不久，一战就结束了。

17 岁，克罗克开始四处寻找工作，当时的他对读书没有兴趣，很早就辍学了。他在几个旅行乐队里弹过钢琴，又在芝加哥广播电台担任过音乐节目的编导。

从 1929 年起，在随后的 25 年中，克罗克一直从事推销工作，先在佛罗里达帮人推销过房地产，后到美国中西部卖过纸杯。作为推销员，他几经周折，屡尝失败的滋味。

克罗克后来回忆道："在佛罗里达推销房地产失败之后，我彻底破产，身无分文。那时，我没有大衣，没有风雨衣，甚至连一双手套都没有。我开车进入芝加哥穿过寒冷的街道回到家时，简直要冻僵了。"

但辛苦总是有回报的，因为销售纸杯业绩突出，他被提升为纽约百合纸

杯公司西部分公司的部门经理。在含辛茹苦了 15 个年头之后，克罗克的事业有了一点成就，过上了小康生活。

在这时，他认识了一个叫普林斯的机械师，普林斯发明了新式多功能奶昔机，一次可同时灌装 5 杯奶昔，而旧式的只能灌 1 杯。克罗克对此产生了极大的兴趣，他决定辞去苦心经营的纸杯推销工作，专门推销这种奶昔机。

为此，他的负债将会达到 10 万元，这在当时，不啻于一个疯子的作为，妻子也极力反对。

但是克罗克并不害怕，自己认定的事情是有市场潜力的，为什么不去做呢？一辈子做个纸杯推销员，庸庸碌碌，这是多么可怕。

繁忙紧张的推销工作开始了，他每天只能睡 4 到 6 个小时，他似乎又回到了原先创业的时候。但是凭借冒险和拼搏，他不仅还清了债务，还建立了自己的公司，成为了富有的中产阶级。

这样的推销工作不仅让克罗克积累了创业的第一桶金，还让他结缘了麦当劳，为他开启了财富之路。

三、食品行业要重质量

麦当劳能有如今的地位，全靠着过硬的食品质量，这是麦当劳通过层层把关换来的收获，值得人们借鉴、学习。

（一）严格控制原材料供应

为了保证原材料质量，麦当劳不仅自觉疏通供货渠道，主动与供应商密切沟通；同时，它还为供应商制定了诸多食品业界难得一见的严格标准，以确保每家连锁店都能够得到最高质量的产品供应。

1. 肉饼

麦当劳规定所用牛肉为 100％的纯牛肉，不能有任何添加料。牛肉经机器切制成肉饼，每块肉饼重 1.6 盎司（约 45 克），一磅牛肉必须出 10 块肉饼，直径为 3.875 英寸，厚度为 0.222 英寸。

汉堡肉饼的肉质脂肪含量必须在 17％～20.5％之间，肉饼必须由 80％的牛肩肉与 20％的上选五花肉精制而成，绝对不能以其他低质的肉替代。每块牛肉饼都必须经过 40 多项质量控制检查。

2. 鸡翅

麦当劳要求做鸡翅的鸡源必须都是从孵出到长成不能超过 45 天的小鸡，

并且要保证每个翅根和翅中重量一致。

3. 面包

要求供应商供应的面包一定是精确的圆形并且面包的切口要平整，小圆面包的标准直径为 3.5 英寸。烤制时添加的糖含量要比精心计算的标准稍高，这样，才能使其提早转变为棕色。达不到标准的面包一律不予采用。此外，操作员工不得在面包上按任何指坑，否则必须丢弃不用。

4. 汉堡包类

一种带有莴苣和西红柿的汉堡包，制作前的标准重量为 0.25 磅；所有汉堡包中的洋葱丝含量只能是 0.25 盎司重；厨师制作汉堡包时必须按规定动作翻个儿，而不能随意往上一抛让它翻个儿；麦香鱼的制作时间在 3 分 45 秒左右，误差仅为 5 秒；巨无霸上的芝麻必须是 178 粒才符合要求。

（二）执行操作标准化

麦当劳制定了严格精细的操作标准和工艺流程，使公司里成千上万的工作人员，一般都能按相同的标准操作，以此来保证食品质量的稳定。

例如，麦当劳要求其供应商送至餐厅的每一个面包，在重量、宽度、高度、直径等方面都符合统一的标准。据说，在麦当劳的面包供应生产厂内，会经常看到这样一个场景：麦当劳的品质控制人员把面包放到一个特制的量具卡尺下，抽测每批面包的长、宽、高和直径是否合乎标准。

为了保持面包松软适度的口感和金黄色的外观，麦当劳还对面包的气孔大小、切割度、糖分、色泽和各种营养成分都进行精确测量。

为了保证食物安全卫生，麦当劳还对供应商在生产过程中的每个环节都作了非常"苛刻"的规定。

比如，面粉在使用前一定要先过筛子；糖在使用时一定要先化成糖水，过滤掉其中的杂质后再使用；装面粉的桶要求必须有盖子，而且盖子必须要有颜色，而不能是白色的，这是为了避免意外破损时碎屑混入面粉中导致不易分辨。

（三）"过时报废"

麦当劳食品的高品质不仅表现在生产的环节上，还体现在销售环节上。

即使是制作好的产品，麦当劳也要保证其品质和最佳口感，这就是麦当劳的"过时报废"制度。

麦当劳规定，主要食品一旦出炉或制成，就必须在短时间内出售。炸薯条超过 7 分钟、汉堡包超过 10 分钟、咖啡超过 30 分钟、苹果派或菠萝派超过 90 分钟而未售出，尽管它们并没有腐烂变质，都必须毫不吝惜地予以扔掉，以保证这些食品味道的鲜美和纯正。

可口可乐、雪碧、芬达等专用饮料，温度控制在 4 摄氏度，热红茶则必须控制在 40 摄氏度以上时再销售，软包装鲜牛奶、咖啡等都有严格的温度控制。

麦当劳坚持不卖品质不达标的食品，始终保证让顾客享受到品质最新鲜、味道最纯正的食品，所以麦当劳才会在全球范围内大受欢迎。

（四）不断改进，精益求精

麦当劳对品质的追求是永无止境的，他们不断改进着产品的质量。

在麦当劳，任何品种的汉堡包，基本上都经历了改进、再改进的多次反复过程。

如普通牛肉汉堡包，早期的牛肉用料是碎牛肉，后来改为肩肉和五花肉的混制品；早期为鲜肉，后改为冻肉等。

麦当劳公司在其发展的第一个十年中，总共花费了约 300 万美元改进炸薯条的品质。起初即便是品种、品级完全相同的薯条，炸出来后总是有时好吃、有时难吃。

为此，克罗克还专门咨询了美国"土豆和洋葱协会"。经有关专家反复分析，无意中发现用未封口的麻袋贮存的土豆炸出来好吃，原来是因微风吹干土豆，令其水分挥发而糖分转变成淀粉，在炸制时，不会因糖分过多而造成表皮过焦，外熟内生。

找到原因后，麦当劳便开始在地下室存放土豆，并安装风扇送风。后来，又经过苦心研究、反复测试，最终确定土豆的最佳存放时间为 3 周。

1957 年，麦当劳在芝加哥郊区建立了美国快餐史上第一个食品实验室，重点研究土豆在炸制过程中的温度变化。一年后，取得突破性成果。

这就是麦当劳，作为世界级的连锁企业，对产品质量的要求近乎苛求。因为他们深知，质量是现代企业生存和发展的基础，高品质就是企业在全球范围内"畅通无阻"的通行证。

第三章 信息时代的创富神话

　　信息产业的兴起是人类有史以来最大的一次产业革命，它以排山倒海之势改变了整个社会的产业结构和社会财富的分配模式。

　　时至今日，由这场产业革命衍生而来的新兴产业仍像一台不停歇的造富机器，那些拥有前瞻性视野的人，用自己的智慧，把这块崭新的土地当成试验场，开始缔造自己的创富神话。

　　他们是信息时代的弄潮儿，是新兴产业的开拓者，是财富神话的缔造者，他们眼光独到，思维敏捷，意志坚定，他们用自己的实际行动为我们诠释了信息时代的真正内涵。

"Q爸"马化腾：
"聊"出来的事业

他是一个注册用户达 3.5 亿的网站站长；他创造了一个庞大网络家园，真正实现了"海内存知己，天涯若比邻"；在他营造的虚拟世界里，年轻心态是唯一的通行证；他用那个系着红领巾的小企鹅告诉创业者："玩"也是生产力。

他就是"Q爸"马化腾，他和那只小企鹅，不仅改变了数亿人的沟通方式，还创造了一种独特的网络文化。

一、QQ 的赚钱之道

马化腾，1971 年 10 月出生于广东潮阳，后来随父母来到了深圳定居。1993 年，马化腾从深圳大学毕业后进入当时深圳最大的寻呼公司——润迅通信发展有限公司担任软件工程师。

1995 年，邮电部正式向社会开放互联网接入业务，这也为后来民间资本进入互联网产业打开了政策准入的大门。

这让年轻的马化腾看到了商机，而早在创办腾讯之前，马化腾就主动联系慧多网，凭借家里的 4 条电话线和 8 台电脑，扮演起慧多网深圳站站长的角色，创业的想法也在此时萌芽了。

1998 年 10 月，已经升任公司开发部主管的马化腾递交了离职报告，结束了在润迅公司为期 5 年的打工生涯。

一个月后，深圳市腾讯计算机系统有限公司获准注册，不久，在深圳华强北赛格科技园 2 栋 4 楼一间狭小的办公室里，带着把寻呼业务搬到互联网上的想法，马化腾开始了艰难的创业之路。

马化腾创办腾讯的这一年，也是世界互联网勃兴的早春时节。腾讯业务的核心——即时通信软件，也在这一年开始孵化。

1996年，以色列4个年轻人发明了即时通信软件ICQ，在市场上获得了巨大的成功，但该软件用于中文聊天却不太方便。受此启发，包括中国电信在内的很多公司，开始酝酿开发中文即时通信项目。

1998年底，马化腾和深圳电信签订了一个实验项目协定，研发中文即时通信软件。第二年初，QQ历史上第一个版本悄然上线，供用户免费下载。

当时，马化腾对QQ的市场潜力也没有足够的认识，他只是抱着试试看的心态，把QQ放到了互联网上供用户免费使用。

但就连马化腾本人也没有料到，这个不被人看好的QQ，在不到一年的时间里，就发展了500多万的用户。

大量的下载和暴增的用户量让马化腾兴奋，但同时，这也让腾讯公司难以支撑，因为人数增加就要不断扩充服务器。当时一两千元的服务器托管费让小作坊式的腾讯公司也感到了巨大的财务压力。

此时，自己拥有服务器已经成了迫在眉睫的事情，处于资金已经耗尽、员工工资都开不了的困境，下一步怎么走？这些问题深深地困扰着马化腾。

1999年下半年开始，网络公司成了风险投资者的宠儿，当时国内著名的网络公司新浪、搜狐、网易等公司纷纷得到了美国风险投资基金的投资。

马化腾也想走风险投资之路，于是，他准备了6个版本、20多页的商业计划书，开始了漫长地寻找国外风险投资的旅途。

一轮接一轮的谈判下来，马化腾口干舌燥、心急如焚，投资商根本不看好这个"小玩意儿"，马化腾甚至都有了卖掉QQ的想法。

功夫不负有心人，就在马化腾快要绝望的时候，IDG和盈科数码以各占腾讯20%股份的条件向腾讯投资了220万美元。

当20万兆的IBM服务器放在公司桌上的时候，马化腾和同事兴奋不已，他们最终坚持了下来，没有卖掉QQ。

2000年4月，由于AOL和腾讯域名的纠纷，腾讯更改了网站，正式把OICQ命名为腾讯QQ，一只胖乎乎系着红领巾的企鹅形象成了QQ的图标。

腾讯的真正崛起是在2000年8月，腾讯同广东移动合作运营QQ信息手机短信提醒服务，仅此一项，就使腾讯扭亏为盈，实现了1000万元人民币的纯利润。

此后，腾讯相继推出广告业务、移动QQ业务及付费QQ会员制。由此，腾讯正式开始了大踏步的前进。

互联网10年，腾讯深刻地影响了中国人的交流方式；腾讯10年，腾讯占据了中国即时通讯80%的市场份额，同时也改变了互联网的版图；现在，腾讯正面与 MSN 攻伐逐食；侧面在门户、邮件、电子商务、搜索、网游等领域与新浪、网易、淘宝和盛大短兵相接；在诸侯割据的互联网上，腾讯携 4 亿用户迎战诸侯，角逐线上。

面对未来，马化腾信心十足，他相信自己，相信腾讯，也相信这个潜力巨大的虚拟空间，一定会创造更多的财富商机。

二、股市淘来的第一桶金

1984 年，只有 13 岁的马化腾跟着父母从海南迁到深圳。出于对计算机的爱好，在 1989 年，他进入了深圳大学电子系计算机专业学习。

在深圳大学计算机系求学期间，马化腾的成绩总是名列前茅，他也渐渐地从编写软件和研究互联网中体会到了乐趣。爱"玩"的他既成为各种病毒的克星，同时又经常干一些将硬盘锁住的恶作剧，让学校机房的管理员哭笑不得。

1993 年毕业后，马化腾就进入了润迅公司开始做软件工程师。在润迅公司工作期间，中国的股市适逢牛市，马化腾看准时机，和朋友一起开发了一个针对股民的股霸卡。

不久，就有个公司看中了这个软件，就问他多少钱才肯卖。可当时马化腾和家人都不知道这软件值多少钱，就让对方出价。后来，对方给了马化腾 5 万元，这一下可把马化腾乐坏了，他还专门找了个朋友帮忙将钱提回家。

尝到甜头的马化腾从此一发不可收拾，随后他与同学合作开发了"股票接收系统"，他负责设计软件，另外一人负责硬件。

这个装置可以使用户利用电视实时查看股票行情，市场销路十分好，最高的时候一台卖到 2000 多元，这又让马化腾赚了几万元。

后来，与马化腾合作的同学出国，他们才停止制售"股票接收机"。

1994 年，马化腾将开发软件赚的 10 万元投入到股市中。凭着对股市多年的观察，他将 10 万元本金炒到了 70 万元，没过多久，马化腾手里就有了上百万元资金。正是这宝贵的第一桶金，才激发了马化腾创业的欲望。

马化腾坦言，日后开办腾讯的 50 万元，有相当一部分源于股市获利，这也是他的"第一桶金"。

凭借在股市淘来的第一桶金，马化腾创办了腾讯，开始了自己的创富之路。

三、"三问"哲学

从腾讯成立初期到现在，马化腾一步一步走来，他总是不断地追问自己三个问题，这"三问"准确地揭示了马化腾的经营理念。

1. "这个新的领域你是否擅长?"

马化腾凭着对网络市场有预见性的理解，用近乎偏执的兴趣和近乎狂热的工作热情搭起腾讯公司的基本框架。他坚持以技术为核心的公司理念，专注于技术开发和提升质量，只做自己最擅长的，并努力把这件事做好，这样，腾讯成功就不足为奇了。

2. "你到底应该做什么?"

做软件工程师的经历使马化腾明白，开发软件的意义就在于实用，而不是做一些无价值的东西，自娱自乐。

"其实我只是个很爱网络生活的人，知道网迷最需要什么，所以为自己和他们开发最有用的东西，仅此而已。"马化腾知道自己应该做什么，对需求的预见性，让他能牢牢把握网民的心，获得更大的发展空间。

3. "如果做了，自己能保持多大的竞争优势?"

QQ最早只是作为公司的一个副产品存在的，马化腾对QQ所蕴含的巨大市场价值并没有足够的认识。而且，无论从技术上还是资金上，他对自己究竟能保持多大的竞争优势并没有准确的把握。

为了增强腾讯公司的市场竞争力，马化腾采取了"三管齐下"的经营策略：一方面继续巩固传统网络寻呼系统带来的利润；一方面将精力更多集中在改进QQ功能和开发新版本上；一方面也要寻找风险投资的支持。

有了更多的资金，公司就可以专心做QQ，然后开发新的版本和功能，保持自己在这一行业的竞争优势。事实证明，这样的策略是非常正确的。

<h1 style="text-align:center">阿里"爸爸"马云：
翻 译 社 里 起 步</h1>

　　一派狂妄不羁、特立独行的做事风格，一副两肋插刀、不计回报的古道热肠，以"光明顶"命名公司的会议室，与武侠小说作家金庸密切交往，聚集互联网英雄人物"西湖论剑"……他的种种言行，颇似一位纵横商海江湖的侠客。

　　他就是马云，中国电子商务网站的开拓者，阿里巴巴公司董事局主席，雅虎中国 CEO。

　　当人们谈到中国互联网十余年的发展历程时，就不得不提到企业家马云，也不能可避开这个"幽灵"的存在。他是电子商务领域当仁不让的开创者、"教父"，也是充满变革精神的颠覆者和"叛逆者"。

一、三次创业，终成正果

　　1995 年 4 月，31 岁的马云自己投入了 7000 元，又找到亲戚凑了两万元，创建了"海博网络"，"海博网络"从此成为中国最早的互联网公司之一，公司的主要产品就是"中国黄页"。

　　业务就这样艰难地开展了起来，因为竞争者少，网站的业绩慢慢好了起来。也就是这一年，互联网渐渐普及了。

　　1996 年 3 月，马云和杭州电信合作，他的中国黄页资产折成 60 万，占30％股份，杭州电信投入 140 万人民币，占 70％股份。

　　但不久之后，因经营观念不同，马云和杭州电信分道扬镳，他放弃了自己的中国黄页，并拿出 21％的中国黄页股份送给了一起创业的员工。

　　1997 年，33 岁的马云经历了创业生涯中的第一次失败。

　　1997 年，在业界已小有名气的马云接受了国家外经贸部的邀请，带着自己的团队转战北京，他们先后为外经贸部建立了外经贸部官方网站、网上中

国商品交易市场、中国招商等一系列国家级站点。

在外经贸部的经历使马云的觉悟又有了一次飞越，在此之前，他觉得自己只不过是杭州的一个小商人，在此之后，他有了开创大事业的雄心和视野。

也就是在北京的那些日子，马云的B2B思路渐渐成熟，他计划用电子商务为中小企业服务，连网站的域名他都想好了——阿里巴巴。

虽然当时的创业资本很少，但马云还是将未来的公司定位为全球的公司，因而他觉得，公司的名字也应该是响亮的、国际化的。

为了注册一个好的名字，马云思索了很久，直到有一次在美国一家餐厅吃饭时，他突发奇想，找来了餐厅服务员，问他是否知道阿里巴巴这个名字。

服务员回答说知道，并且还跟马云说阿里巴巴打开宝藏的咒语是"芝麻开门"。

之后，马云又在各地反复地询问其他人，马云发现，阿里巴巴的故事被全世界的人所熟知，并且不论语种、年龄，人们的"阿里巴巴"的发音也近乎一致。就这样一锤定音，马云将"阿里巴巴"确定为公司的名字。

1999年，北京的互联网产业风生水起，这让身单力薄的马云感受到了巨大的压力。已经35岁的马云谢绝了新浪和雅虎的邀请，决心重回杭州创业，团队成员也全部放弃其他机会决心跟随。

1999年1月15日，马云和他的团队悄然南归，这是马云遭遇的人生第二次创业失败。

1999年2月，在马云杭州湖畔家园的家中，18位创业成员召开了第一次全体会议，他们或坐或站，神情肃穆地围绕着慷慨激昂的马云。

在这次会议上，马云和伙伴共筹了50万元启动资金，他的第三次创业开始了。

在这次会议上，马云阐述了自己的创业思想，他要办的是一家电子商务公司，目标有三个：第一，要建立一家生存102年的公司；第二，要建立一家为中国中小企业服务的电子商务公司；第三，要建立世界上最大的电子商务公司，进入全球网站排名前十位。

从这天开始，马云开始铁下心来做电子商务。

尽管只有50万的创业资金，但马云首先花了1万美元从一个加拿大人手里购买了阿里巴巴的域名，并注册了alimama.com和alibaby.com。

经过努力，1999年3月，阿里巴巴正式推出。这种全新的电子商务模式一经推出，就吸引了很多人的目光，直至逐渐为媒体、风险投资者关注。

在拒绝了 38 家不符合自己要求的投资商之后，1999 年 8 月，阿里巴巴接受了以高盛基金为主的 500 万美元投资；2000 年，又接受了软银的 2000 万美元的投入。

由此，阿里巴巴由横空出世、锋芒初露，发展到气贯长虹，势不可挡。

2003 年 7 月，阿里巴巴又做出了一个大动作：投资淘宝网。一年后，阿里巴巴又宣布向淘宝追加 3.5 亿元投资；2005 年 8 月，阿里巴巴成功并购雅虎。

现在，阿里巴巴已成为全球著名的 B2B 电子商务服务公司，管理运营着全球最大的网上贸易市场和商人社区——阿里巴巴网站，为来自 220 多个国家和地区的 600 多万企业和商人提供网上商务服务，是全球首家拥有百万商人的商务网站。在全球网站浏览量排名中，阿里巴巴稳居国际商务及贸易类网站第一。

从 1995 年接触网络到 1999 年阿里巴巴问世，马云用了 5 年的时间，经历了 2 次失败最终建立了自己的电子商务帝国。

二、翻译社里的第一桶金

马云，1964 出生于浙江省杭州市。1982 年，18 岁的马云第一次高考失败弃学谋生，他先后当过秘书、做过搬运工，后来给杂志社蹬三轮车送书。

一次偶然的机会，马云读了路遥的代表作《人生》，这本书深深地触动了年轻的马云，也迅速地改变了他的思想，马云从书中体悟到："人生的道路虽然漫长，但关键处却往往只有几步，自己不能就这样浪费青春了。"

于是，他下定决心，参加第二次高考。

1983 年，19 岁的马云第二次参加高考依然失利，总分离录取线差 140 分，但永不言败的精神激励着他，他还要参加第三次高考。

1984 年，马云第三次高考艰难过关，他的成绩是专科分数，离本科线还差 5 分，后因其他专业招生不满，马云被调配到外语本科专业。他捡了个便宜，跌跌撞撞地进入了杭州师范学院。

1988 年，24 岁的马云大学毕业后进入杭州电子科技大学当英语老师。

当老师的生活虽然安稳，但看到那么多人下海经商，马云坐不住了。1994 年，30 岁的马云开始创业，他凭借自己出色的英语水平，创立了杭州第一家专业翻译社——海博翻译社。

然而，翻译社的生意并不像想像的那样好，一个月下来，收入只有700多块钱，连房租都不够。

1995年是马云人生中非常重要的一年，偶然的一次机会，"杭州英语最棒"的马云作为翻译去了美国，在西雅图，他一次接触到了互联网。

在西雅图，朋友教他怎样上网，还告诉他在网上也可以做广告。

从美国回来，刚刚学会上网的马云就想到了为他的翻译社做网上广告。上午10点，他把广告发到网上之后，就出去吃饭了。

没想到，中午12点前，他回到办公室就看到邮箱里有6封分别来自美国、德国和日本的电子邮件。这些陌生人在邮件中说，这是他们看到的有关中国的第一个网页。

马云当时就意识到，互联网是一座金矿，他萌生了这样一个想法：把国内的企业资料收集起来，放到网上向全世界发布。

他立即决定和西雅图的朋友合作，一个全球首创的B2B电子商务模式就这样开始有了创意，马云给这个网站起名为中国黄页。

1995年4月，马云联合朋友，凑了2万元钱，创建了中国最早的互联网公司之一"海博网络"，并启动了中国黄页项目。

这是中国最早的互联网公司之一，公司成立之前，马云曾找了24个朋友咨询，只有一个人说可以试试，有23个人说不行。但马云却不听他们的劝告，坚决行动了，对他的这个举动，朋友们大呼"傻到家了"！

"其实，最大的决心并不是我对互联网有很大的信心，而是我觉得做一件事，经历就是成功，你去闯一闯，不行你还可以调头。但是如果你不做，就像你晚上想了千条路，早上起来走原路的道理一样。"马云提起当初的决定，赞赏的是自己的勇气而不是眼光。

那时的马云与其说是总经理，不如说是个推销员。马云经常和朋友在饭桌上谈生意，他喝得有些醉，手舞足蹈地跟一大帮人神侃瞎聊。但大家还不知道互联网为何物，很多人将马云视为到处推销中国黄页的"骗子"，但他还是一遍遍地"对牛弹琴"。

其实，马云也只是听说"互联网"这个词，多数国人尚不知互联网为何物。即使从全球范围来看，美国的尼葛洛庞帝刚刚写完《数字化生存》，杨致远刚刚创建雅虎，中国科学院也刚刚开通互联网。

而那时的杭州，甚至还没有开通拨号上网业务。这种情形下，搞互联网如何赚钱？朋友们坚决反对马云也就不奇怪了。

但实践证明，马云的选择是正确的，不久之后，上海和杭州的互联网相继开通，马云的业务开始火暴起来。

当时的国人眼中，互联网还是个神秘的事物，懂得网页制作的人更是少之又少，赚钱太容易了，一个中英文对照的页面，2000 字，加上张照片，就能挣到 2 万元。

这样，在两年多的时间里，马云就赚到了 500 万元，赢得了人生第一桶金，也闯出了自己的名气。

三、"六脉神剑"闯江湖

马云有一套独特的管理理论，他和员工平等相处，没有等级观念之分，他痴迷于金庸的武侠小说，并将会议室命名为"光明顶"、"桃花岛"等金庸小说中的武林圣地；他将阿里巴巴的核心价值观定为"六脉神剑"，即客户第一、拥抱变化、团队合作、诚信、敬业、激情。

客户第一：关注客户的需求，为客户提供建议和资讯，帮助客户成长；

拥抱变化：突破自我，迎接变化；

团队合作：共享共担，重视团队的力量；

诚信：诚实正直，信守承诺；

敬业：以专业的态度和平常的心态做非凡的事情；

激情：永不言弃，乐观向上。

"六脉神剑"的管理观念之所以能取得这么好的效果，在于阿里巴巴将其落到了实处，并纳入到企业的绩效考核体系中。

在阿里巴巴，价值观占有员工考核 50％的权重。即使一个员工的业绩再好，如果其价值观考核不合格，他仍不能获得加薪、奖金、晋升。

正因为如此强调价值观，阿里巴巴的执行力非常强。阿里巴巴推行一种轮岗的制度，员工在各城市间调动很频繁，其他公司很多员工在调动时会与公司大谈条件，但在阿里巴巴却从没有过。

IT 卡王刘军：
打开财富的视窗

信用卡、会员卡、健身卡、美容卡……越来越多的人已经加入了"卡"一族的行列。在无数名目众多、长相各异的会员卡中，中国 IT 人刘军率领他的团队，开发设计了一个新玩意儿——视窗 IT 卡。

视窗 IT 卡的上面有个银色可视屏，通过可视频可以看到会员积分、储值、消费情况的卡片，就是这个超薄纤俏、可视透明的卡片，颠覆了中国城市消费积分制、会员制的行业规则，开启了一个崭新的时尚消费时代。

一、打开财富视窗

在短短 3 年时间里，刘军带领下的日科创想公司初步完成了北京、上海、福建、广东、深圳、武汉等一级市场的布局，进军二级市场的计划也随之展开。

一张小小的视窗 IT 卡，怎么能聚拢更多的财富？刘军和他的团队在市场打开后，开始了新一轮的研究开发。

在做这个产品的同时，日科创想还可以通过原有业务和所学技术延伸出的附加值，为代理商开辟二次创业的渠道。

这在许多急于创业人的眼中是一个大好商机，但刘军却提出了不同的看法。他认为，这个行业不仅需要代理商有资金实力，而且对代理商个人素质也提出了很大的挑战，它需要代理商甚至是某个行业的专家。

在推广过程中，公司的业务员经常会遇到这样的问题：顾客希望用公司的产品，但却不知如何用它来给企业带来效益。

因此，这就需要销售人员对这个行业有着深入的了解，同时又对该行业具体的市场推广有丰富的经验。

同时，刘军还告诉加盟商，做这一产品最好瞄准暴利行业，因为要想使用这一产品，中小型企业的投入大约在 3 万元左右，中型企业大约在 5 万～8 万元左右，大型企业要在 10 万元左右，这在一些薄利行业中是很难做到的。但是如果做好了，加盟商的利润额可高达 40%，是普通磁条卡利润额的上百倍。

替企业把顾客拉进来，再帮企业把客户留住，一张小小的 IT 视窗卡片竟然能完成了从市场促销到客户关系管理的全过程。

整个社会的风潮越来越推崇时尚的生活方式，刘军锁定的也是和时尚走得最近的一些企业。目前，日科创想占领最多的行业高地是如钱柜 KTV、俏江南等餐饮娱乐行业。

但这远远不够，在刘军看来，视窗 IT 卡的使用范围还非常广泛：加油站、超市、健身中心、美容院、网吧，甚至是公交系统、社保医疗用卡等。

这个市场隐藏着巨大的潜力。对未来，刘军信心十足，他和他的团队正着力构建积分卡互换平台、叠加服务、城市媒体的庞大体系，通过视窗卡与数字电视、电子触摸屏的配套使用，形成完整的视窗传媒体系，从而广泛覆盖在餐饮、零售业、高级俱乐部、健身美容院等场所，将丰富实用的资讯传送给会员和目标客户群。

刘军相信，这样的经营策略与推广渠道一定能够帮助公司开启更大的财富视窗。

二、极力推广，收获第一桶金

1991 年，刘军到日本留学，他从 14 岁开始就做生意，即使在日本的几年间，他也始终没有放弃创业的梦想。不断积累的学识让他创业的愿望越来越强烈，他希望在创业的过程中体现自我。

机会出现在 2000 年，刘军所在的一家日本知名企业投资了一个视窗技术的项目，刘军以投资者的身份加入，参与了从研发、生产到市场推广的全部环节。

为了在华人区推广视窗卡，那几年，刘军几乎跑遍了日本所有的城市。在一个城市讲完后，他立即奔赴下一个城市，常常是他早上在长崎，中午就到了大阪，下午又到了神户，最多时，他一天跑了 5 个城市。

但他发现，单纯讲解的推广效果并不好，于是他开始想其他的办法。

最后，他想到了放电影宣传的方法。他在华人聚集区放电影、开茶话会，借着推广中国电影、传播中国文化的机会，用演出结束前的十多分钟讲

解视窗 IT 卡的特点和对维护客户的重要作用。

一次，他放映了冯小刚的影片《甲方乙方》，有 500 多人来看电影，影片博得大家阵阵笑声，在轻松的气氛中，大家终于接受了刘军的产品。

在刘军的努力下，3 年时间里，日本一半以上的华人商店里都使用了视窗 IT 卡。

随着视窗 IT 卡在日本市场上的热销，刘军觉得，这套产品在国内也会很有市场。同时，通过这项可视化的视窗管理技术，给中国企业引进一种先进的、全新的商业模式的愿望也促使他产生了回国创业的想法。

2002 年 5 月，他带着技术和团队毅然踏上了回国之路。

像所有的创业者一样，刘军在回国创业初期也经历了非常迷茫的困顿期。虽然在回国之前，他已经做好了充足的心理准备，但毕竟离开祖国已经 11 年了，在财务、税务、人际关系上，他都必须重新投入精力建设。

同时，视窗卡的核心技术是在日本产生的，拿到中国市场还需要进行再研发。更大的难题是，很多人根本不了解它的价值，商家也不愿意冒险尝试新产品或另外增加成本。

为了打开市场，刘军和业务员每天提着笔记本四处推广 IT 卡，却处处碰壁。第一年，公司没有接到一笔订单，最困难时，员工的工资发放都成了问题。

2002 年底，市场推广的产品已经形成，宣传力度也做得足够大了，但是却没有人对这个产品感兴趣，刘军需要尽快的找到一、二个案例对产品进行市场考察，收取数据以验证其是否能正常运转，是否符合国内市场的需求。

就在他仍不断的重复传播着公司理念，并不断地被目标企业拖延、拒绝的时候，刘军看到了希望，他的第一个客户出现了。

当时，员工们已经习惯了在北京城里带着一大堆产品东奔西走，给客户演示、讲解，却往往好几个来回都无法达成合作意向。而有位俱乐部的经理连产品都没有看到，在和刘军谈了十多分钟后，当场就决定使用视窗卡了。

令人没想到的是，IT 卡使用不到一个月，该俱乐部的会员就增加了 130 多人，月收入也大幅度提高！

一石击起千层浪，消息传开之后，京城著名高档会所的市场经理都开始打听："什么是视窗 IT 卡？有什么用处？在哪里能买到？"

在市场的一片叫好声中，公司的业绩直线上升，华联商厦、俏江南餐饮集团、国美电器、钱柜 KTV 系列、海尔等知名企业和商务会所先后引进了他公司的视窗 IT 卡和 CRM 客户管理系统。

就这样，经过刘军和他公司员工的极力推广，视窗 IT 卡终于被大众所接受，王军也由此收获了人生的第一桶金。

三、刘军的经营战略

对于自己的成功，刘军觉得，视窗 IT 卡不仅仅是赢在技术上，最重要的是，它赢在对消费市场的洞悉和把脉上。

一张简单的视窗卡片背后，需要的是一套复杂的战略计划的支撑，为此，刘军有自己的一套经营战略。

1. 作业标准化

店里的服务人员应如何推广，如何把积分卡或储值卡销售到客人手中等流程都要标准化，并且要配合相应的激励措施。

2. 日常作业提案

系统管理人员每天需要和客人进行何种沟通，比如对昨天来吃饭的客人发邮件表示感谢，给客人送去生日祝福等，把这些记录在案，方便日常管理。

3. 帮助企业制定促销战略

刘军给日科创想的定位是一个生产型企业，但在市场推广的过程中，他认为公司要以一个运营型的企业出现，日科创想不仅要销售产品，更重要的是为客人提供一个配套的整体策划。

比如，一个手机厂商推出新品的时候需要有一个渠道进行推广，而当一个顾客在 KTV 消费集满一定的积分的时候，也需要有一个反馈。

这时，KTV 可以与手机厂商联合，将赞助的新型手机作为积分奖励，而同时又在店里以放置手机广告的形式作为新型手机的宣传。

一边产品做了推广，一边销售额得到了提升，日科创想则在其中利用视窗 IT 卡为双方搭建起一个互通互联的平台。而在这个平台中，视窗卡、读写器及其管理系统软件这样"三位一体"的产品会打开营销产业链中的各方赢利局面。

"80后"新锐李想：
高中生的财富传奇

"80后"、"高中毕业"、"身价过亿"，从这些简单的词汇中，我们就能感受到这个年轻人独特的气场。

凡成功者，无论身处哪一个年龄段，通常都会表现出不同于常人的资质：懂得坚持，有耐心，有着超强把握机会的能力。

李想——泡泡网首席执行官，就是这样一位成功者，他高中毕业后放弃读大学，醉心于互联网创业，从最初几千元的进账到现在的亿万身价，几年时间里，他就把泡泡网从最初的个人网站，发展为中国第三大中文 IT 专业网站，成为了一个"80后"财富新锐。

一、从高中生到"80后"新锐

2000 年，互联网泡沫破裂，19 岁的李想决定放弃高考，开始创业。他以高三时边上课边赚钱的经历，说服父母接受了自己的选择。

李想的父亲仍清晰地记得，18 岁的儿子说的不考大学的理由："互联网是个潜力无限的市场，此刻我不去占据，等我读完大学，就已经被别人占据了。"

当时，石家庄懂得网站的并不多，人们以为"泡泡网"就是"泡网吧"，在注册的时候，石家庄市工商局甚至回复说，要去公安局开个证明才给注册。

2000 年春节前，李想说服在深圳工作的朋友回到石家庄，把两个人的网站合到一起，成立泡泡网。

2001 年底，李想将"泡泡网"从石家庄搬到了北京，办公地点就设在了北京林业大学附近的民房里。

随着公司规模越来越大，2004 年，曾有人计划出资近 1 亿元来收购泡泡网。对李想来说，卖掉公司意味着 23 岁的他和几个创业元老能得到数千万现金。然而，他并没有为金钱所动。他发现，自己真正想要的并不是金钱，而是要和这个团队一起把事业做得更大，创造出更大的财富。

2005 年，泡泡网跃居为国内第三大中文 IT 网站，年营业收入近 2000万，利润 1000 万元。此时，李想却开始考虑转型做汽车资讯网。

"我发现自己天天再工作 50 钟头，也超不过前两位的网站时，我只有去寻觅其他的增长市场。"李想说，"在 IT 业，只有做到'一哥'的地位，你才有话语权。"

公司许多管理层与员工坚决反对李想转型，他们认为泡泡网已经做得很好了，转做汽车资讯网，每年要烧几百万，投资回报远景不明确，为什么要冒这个险？

的确，转型初期，李想卖广告卖得很费劲，中小客户尚好，国际大客户却不买这帮"小孩"的账。一直很顺利的李想，遇到了创业以来的第一场危机。

经过不懈地努力，李想终于度过了这场危机，2008 年，"汽车之家"开始赢利，进入高回报期。

2008 年 7 月，泡泡网与皓辰传媒一起加入全球 500 强澳洲电讯，一个高中生，由此成为 IT 行业最具影响力"80 后"新锐。

二、"显卡之家"里赚到第一桶金

与众多携千万美元回国创业的"海龟"们不同，李想的创业完全依靠个人资金积累，所有资产都是他一点点积攒出来的。

李想 1981 年出生于河北石家庄一个有着浓厚艺术气息的家庭，他的父亲是一名戏剧导演，母亲也从事艺术工作。

父母希望李想能继承父业，但这个任性而有主见的孩子，却喜欢上了电脑和互联网。他把零花钱全部用来买电脑杂志，读高一时就给自己设定了"大学毕业后去 IT 媒体做顶尖编辑"的目标。

1990 年，计算机和互联网逐渐在石家庄普及，出售电脑的商店多了，家用电脑可以拨号上网了，街头的网吧如雨后春笋般冒出来，人们关于电脑的话题也越来越多，社会上更是流传 21 世纪必须掌握的 3 种技术：电脑、英语和汽车驾驶。

1997 年，李想缠着父母花 8000 元购置了一台电脑。初中的三年，李想

把所有业余时间都给了计算机。但与其他人不同的是，他几乎不玩电脑游戏，而是购置了很多 IT 类书籍，专门研究软件。

李想当时很不喜欢写作文，尤其讨厌写"阳光很明媚"、"天空很蓝"的语句，但他却热衷于写电脑方面的文章。

1998 年，李想开始给媒体写一些 IT 类的试用报告、电脑硬件和相关产品如何选购类的文章。在燕赵信息港开通后，李想在该网站申请了主页，他的主页访问量一直都在前三名，这样，他也慢慢地积累了做网站的经验，而且，还因此拿到了每千字 300 元这样极高的稿酬。

在李想读高三时，互联网刚刚在中国兴起，李想很快跟上潮流，刚学会上网三四天，他就建立了个人网站——"显卡之家"论坛。

李想开始做"显卡之家"的时候，这样的网站，石家庄就有上百个，李想的"显卡之家"最初没有考虑到收益，而是以方便网友的原则办站。

他每天早上 4 点起床，用 6 小时～7 小时更新网站内容，其余时间用来学习高中课程。他通过每天更新内容，吸引网民，然后依靠口碑相传，使得网站的访问量飙升。

出乎意料的是，短短 3 个月，网站访问量由最初的 200 次增加到 7000 次，这时，广告商也找上门来了。

低廉的广告收费和良好的市场效果让李想赚到了日后创业的"基本金"——高中毕业时，他已积攒了 10 万元。正是有了这第一桶金，李想才放弃了高考，走上了自己的创业之路。

三、李想的 7 点创业经

如今，1981 年出生的泡泡网总裁李想无疑已经成为 80 年代的偶像和榜样。很多人都对他如何创业，如何发展很感兴趣，但李想认为：无论是自己创业还是打工，都没什么大的区别，最关键的是怎么去做，怎样少走弯路。

根据自己的创业经历，李想总结了创业和发展的 7 个要点：方向、目标、意愿、方法、毅力、成果和自我观察。

1. 方向

方向是创业和发展的第一个要点，要明确为什么而奋斗。方向不是目标，目标有终点，而方向永远没有终点。有了方向，目标就会更加清晰，也能更有效地去管理目标。

2. 目标

当我们有了方向以后，最重要的不是先掌握方法，而是早一点给自己找到一个目标。有一个明确的目标，可以比别人更快地进入发展的正轨。

3. 意愿

意愿就是一个人为了实现目标而付出行动力的决心。有了方向和目标以后，最重要的不是马上去找方法，而是先解决自己的意愿问题。

人要有压力，但有压力却无所作为的人也大有人在，只有让意愿变成超强的行动力，才对实现目标有实际意义。

所以，要让压力变成行动力的前提是，自己的意愿是否强烈。

4. 方法

方法本身并不重要，为了实现目标而存在的方法才是最重要的。只有在自己有强烈的意愿去实现目标的时候，才容易接受别人给予的方法，甚至自己去找寻方法，所以，获取正确方法的前提是要有目标和意愿的存在。

5. 毅力

用毅力去战胜困难和阻碍，一个人想要事业成功，除了要有才能外，毅力也非常重要。

6. 成果

最值得高兴的是成果，而不是过程，成果标志着你已经具备了完成目标的能力，也意味着你可以去挑战更高的目标了。

7. 自我观察

有时候，一个人会陷入困惑中而不能自拔，发现不了问题。时时进行自我观察、自我反省，才能确保行动不会偏离目标方向。

如今，身为80后的李想领导着以"80后"为主体的员工。他们一点点地成长，从最初一种玩的心态，慢慢变得非常有责任心，逐渐变成公司的骨干，然后又带出一批新的年轻人来。

这些年轻人刚来时可能只是一个普通的大学毕业生，但几年后他可能会成为这个行业的精英，他会比别人更有责任心，把一切事情当成自己的责任。

AOC 舵手段振华：
从采购员到全球副总裁

锋芒和低调，冲动和耐心，严厉和包容……这些矛盾的词汇在段振华的身上同生共存，并且演绎得恰到好处。

段振华进入冠捷之后，从采购做起，亲历了冠捷成功的每一步：亲眼看着冠捷从一个彩电生产企业转型为专业制造显示器的企业，并成为全球最大的显示器制造厂商。

从未做过销售的段振华，把冠捷做到中国销量第三；他也从一名普通的采购员一直打拼到了公司的全球副总裁。

一、"非常6+1组合拳"实现品牌飞跃

在业界，冠捷绝对是个响当当的名号，自 2004 年底，冠捷接手飞利浦现有的显示器代工生产业务之后，便获得了飞利浦旗下的 4 座 PC 显示器及平板电视工厂、飞利浦显示器销售部门以及中国台湾省中坜的显示器研发中心，一举超越三星电子，成为年产能 3500 万台显示器的业界龙头。

事实上，在中国市场上，每 10 台显示器中就有 4.5 台出自冠捷，在诸如惠普、戴尔、联想等品牌的显示器后面的铭牌上，消费者都会发现"冠捷制造"的字样。但与之相反的是，对于以代工起家的冠捷而言，其自有品牌 AOC 在市场上却一直处于业绩上不去的尴尬状态。

如何迅速提升自有品牌的知名度？如何处理自有品牌和代工之间的矛盾？如何让 AOC 品牌从众多的显示器品牌中脱颖而出？董事会把这一连串的问题摆在了段振华的面前。

为此，段振华和他的团队思索出了一套自己的品牌经营策略。

自 2004 年提出"共享精彩视界"以来，冠捷以更改品牌颜色为始，展开了一系列有声有色的品牌推广活动："看雅典奥运系列活动"、"看 F1 系列

活动"、"发布 6 大随心技"、"举办随心技校园新生篮球对抗赛"等，极大地提升了 AOC 在消费者中的知名度。

2005 年，冠捷开始了其中国品牌攻略"三步走"中的第一步，段振华提出了"非常 6＋1 组合拳"的市场攻略，即在品牌市场的 6 大构成元素——技术、产品、细分市场、渠道、服务和价格上采取各种措施补短，最终达成"AOC 品牌"这个"1"的复合竞争力，形成比较优势。

对于生产型企业来说，产品的质量是品牌经营的关键。但从技术和产品入手，要想树立品牌还远远不够。在一个快速多变的市场中，渠道反馈机制的速度直接影响厂商对市场的判断与决策，而厂商对渠道的管理、控制则决定了渠道的执行效率和竞争力。

但微薄的利润、繁重的销售目标对目前的显示器渠道，尤其是区域总代理而言，在内部经营管理、资金运作、渠道横向渗透和纵向拓展等方面都提出了更加严格的要求和标准。

恶性竞争、利润空间小、缺乏增值能力依然困扰着显示器渠道，在显示器产品代理风险上升、利润下降的状况下，渠道对"利润"的忠诚度要远远高于对"产品"的忠诚度。

段振华意识到了这一问题，他认为，在中国，产品最重要的还是渠道，能否找到真正赚钱的渠道才是关键。

为此，段振华跑遍了中国所有省份的代理点，他跟代理商们挨个座谈，到每个终端去看样机展示，了解代理商们的想法，从他们的角度来看 AOC 品牌。

经过一番考察，冠捷改变了产品的外观、丰富了产品线，更重要的是，冠捷改变了行业内通常的做法，不准压货和串货，让代理商们没有压力。

同时，冠捷开始在各地平台附近建设仓库，与专业的物流公司合作，往往是当天打款，第二天货就到了，这也加快了代理商们的资金周转，让他们在一年之内能赚更多的钱。

段振华认为，把搭档们的心赚到，公司就能赚钱了。

保持通畅的"黄金通路"，建立健康的渠道生态系统是段振华经营策略的一部分。他相信，冠捷能将此持之以恒地进行下去，品牌的知名度就会树立起来。

随着产品日趋同质化和市场竞争愈加激烈，显示器厂商对服务的重视程度不断提高，力图提升服务质量，从而增强自身的核心竞争力。在显示器厂商的服务策略中，塑造服务品牌开始成为焦点之一。

但提出完整的服务品牌和服务战略，冠捷的"123随心服务"尚属首家。"123随心服务"内容包括：1个月免费更换、2年免费上门维修、3年免费全保。

这其中最大的支撑点在于：一是产品品质保证，这不但是AOC显示器能够立足市场的根本，同时也保证了AOC可以提供更长的保修年限；二是平均维修成本低，可以提供真正的原厂服务。冠捷显示器总销量占国内整个市场的一半以上，平均维修费用成本低。

二、被"逼"出的第一桶金

1978年，段振华进入冠捷公司的前身——台湾艾德蒙海外股份有限公司，负责采购、物控方面的工作。

90年代初期，台湾的人工成本开始增加，不少工厂都出现了亏损，冠捷的经营也发生了危机，而大陆的人工成本比台湾低10倍，所以，大部分台企开始迁往大陆。

1992年，公司委派段振华到冠捷电子（福建）有限公司负责资材、业务全面工作。而实际上却是其他人都不愿来，段振华是被逼来的。

下了飞机，去福清厂区的路上，段振华一直情绪低落，沉默不语。厂区的恶劣环境让段振华情绪低落。段振华所在的厂区位置地势低洼，一到下雨就会弄得两脚全是泥。而且，福清到了晚上6点就停电，工厂既不通风，也没有冷气，每天都有员工热得昏倒。

然而，"让公司在大陆扎根"的命令，却让段振华在这里坚守了12年。

2003年，段振华升任冠捷科技中国区总经理，掌管冠捷自有品牌的整体运作。这次，他又是被逼的。

那段时间段振华心里很茫然，冠捷最擅长的是代工，也从来没有做过自有品牌。更糟糕的是，本就没有做品牌经验的他，刚上任就面临着"非典"的肆虐。可他没有退路，15天之内，他独自驾车跑遍了大半个中国。

不懂就学，不足就追，段振华只用了三年时间就带领AOC冠捷在中国成功突围，并被总部作为学习标杆推广到欧洲地区。

2006年底，段振华晋升为冠捷科技集团副总裁，负责全球销售业务，集团希望他能把中国地区的成功经验复制到全球。

2008年3月，武汉艾德蒙公司成立，段振华就任其全球副总裁，负责全球自有品牌的销售业务，这其实是冠捷科技集团为第一次向独立品牌跨越所做的提前布局，段振华正是幕后操刀人。

做销售就像是打天下，占地盘，而做品牌却是治天下，要整合。段振华跟冠捷董事会说，自己打天下行，治天下可能不行，因为做品牌不像做销售，只要完成销售任务就行了。

但段振华没有退路，董事会将品牌推广的重任交给了他，他就必须上。这一次，段振华又被"逼"着充当了冲锋的带头人。

2008年9月，段振华正式脱离了与冠捷的劳务关系，独立领导艾德蒙股份有限公司，这标志着艾德蒙与冠捷在财务、法务上正式分家，冠捷今后定位为纯代工，艾德蒙为纯销售。

独立后的第一年，艾德蒙在中国共售出542万台PC显示器和TV产品，同比增长41%；在全球范围内共销售了1200万台PC显示器和TV产品。

段振华带领艾德蒙实现了巨大跨越，他自己也成功实现了从公司的采购员到全球副总裁的角色转变。可是，在他成功的背后，谁都没有想到他的第一桶金确实是被"逼"出来的。

三、自然就是美

段振华年轻时脾气很暴躁，生气时会发抖，但现在，他的性格发生了很大的变化，而这种转变，源于他朋友赠送给他的12个字：智慧、专业、热忱、优雅、坚持和胸怀。

段振华每天都读一遍这12个字，每次的诠释都不一样，这正代表着自己每天都在不断进步。

在这12个字中，他始终把"智慧"摆在第一位，他认为，每天做有效益的事情才有智慧，这甚至影响了他给儿女取名字——他的儿子名字有一个"智"字，女儿的名字有一个"慧"字。

在处理与渠道商的关系上，段振华就充分运用了"智慧"二字。段振华认为，做生意首先是做人，靠的是口碑，他对渠道商采取"不压货、不串货"的健康管理策略。他并不完全看渠道的销量，他最关心的是要打造一个健康的生态渠道，与渠道商长期合作，获得长期回报。

十二字箴言被他总结为"自然就是美"，然而，段振华对"自然"的理解不同于常人。

段振华这样阐述他心中的"自然就是美"：必须精益求精，打破传统观念，不断地在鸡蛋里挑骨头，争取更大的进步。

曙光总裁历军：
"工程师"作风

"中国 IT 年度人物"、"2005 年优秀企业家"、"2007 年度全球青年领袖"……一连串响当当的头衔和荣誉背后，记录着历军从一名普通的研究人员到公司总裁，从科研带头人到高性能计算行业领军人物的成长历程。

历军在曙光公司的短短十几年间，一步步实现了他人生的转变，同时也带领着曙光公司完成了沉淀、蜕变和腾飞的过程。

一、结缘曙光，成就辉煌

毕业于清华大学应用电子技术专业的历军是一位典型的"清华人"，他务实又精干，自 1992 年迈出清华大学的校门时，他服从国家分配到北京无线电仪器厂应用技术部做普通技术员。

凭着自己对科研工作的热爱，历军在当时国内出租车行业刚刚起步之时，便与人合作研制了中国最早的出租车计价器。计价器研发项目的成功和随后经受的市场考验，都为历军今后走向企业领导之路一步步奠定了扎实的基础。

1995 年，曙光公司成立，历军被调入中科院计算所国家智能计算机研究开发中心研发部，主要从事曙光 1000 大规模并行计算机的开发和系统调试工作，为曙光 1000 系统的后期产品化和正式交付用户做出了贡献。

1999 年，历军被任命为生产部总经理，承担了国家"863"计划中"曙光 2000 超级服务器"的研制任务。

由于当时的国内服务器基础还较弱，国产服务器销量并不高，历军审时度势地决定，节点上的 UNIX 操作系统一点都不许改动，并且暂时不做主板，这样就可以有效的降低生产成本，为曙光服务器进入激烈的市场竞争提供了先决条件。

2001 年 3 月，历军被曙光董事会任命为曙光信息产业（北京）有限公司总裁，经过长时间的酝酿，他带领团队完成了曙光现代企业的管理组织体系构建，带领曙光一跃成为国内前三甲的服务器供应商。

2002 年，历军带领曙光在产品技术和组织管理等方面取得高速发展，曙光超级服务器获选"中国 10 大科技进展"，曙光入选德勤亚太地区高科技高成长 500 强，成为亚太地区成长速度最快的高科技企业。

2003 年，历军又带领曙光公司在多项领域取得突破，树立了曙光公司在教育、政府、石油、气象、税务、航天等多个领域的行业第一，为曙光迈向国产服务器第一品牌奠定了坚实基础。

从历军上任总裁起到今天，他带领曙光人创造了一个又一个的辉煌，他自己也写下了一曲财富传奇。

二、走上管理岗位，挖掘第一桶金

如今是 500 强企业总裁的历军，是如何走向管理岗位的呢？这要从他的第一份工作说起。

从清华毕业后，历军服从国家分配，进了北京无线电仪器厂工作。在这间简陋的厂房里，他所做的工作就是焊板、拧螺丝等十分枯燥乏味的活儿。

在无线电仪器厂工作的几年中，历军并没有表现出特有的高傲，他丝毫没有因为自己是名牌高校毕业生而感到特殊，而是热情地对待工作。

以后的日子里历军也十分珍惜那段工作经历，不管工作多苦多累，只要一想起当年的那段生活，他都会重新燃起斗志。他认为这一年的工人经历，所得到的不亚于大学阶段的学习。

凭借着对科研的热爱，历军设计出了出租车计价器，填补了市场空白。可是，计价器造出来了，如何才能推销给用户呢？于是，历军开始闯市场，搞营销，在一个个全新的领域里摸爬滚打，这也为他走上企业领导岗位积累了不少经验。

曙光公司成立后，历军也加入了科研部，成为了一名工程师。之后，数个艰巨的任务都落在了他的头上，他也一次次成功地完成了任务，历军所发出的光也变得更亮了。终于，他的光被董事会所发现了。

2001 年 3 月，曙光公司的董事会决定任命历军为公司总裁。

接到曙光董事会的总裁任命前后，历军想了很多，甚至好几天都没睡好觉。他感觉这个位置上的责任实在太重大了，一下子管理一个大企业，千头

万绪的事情太多，产品、技术、市场、人力等等环节都要照顾到，这对于一个工程师出身，也没有太多管理方面的经验的人来说，压力之大可想而知。

于是，历军找到领导进行了谈话："我觉得自己并不适合做这件事，我还是习惯做一些具体的、技术上的事情。"

但领导的态度很坚决，没有给历军留退路。在困难面前，历军再次想到了枯燥的工人生活，于是，他鼓起勇气决定试试看。

上任曙光信息产业公司总裁之后，历军对现在的角色认同已经坦然和成熟了许多。他认为，做管理者更有挑战性，同时也会带来更强烈的个人成就感和更厚重的责任感，正是在这位年轻少帅的带领下，曾有浓重计划经济色彩的曙光完成了向规范的、现代商业企业的转变。

历军本人，也成功地从一个工人奋斗到了企业的高管，为他以后的人生掘到了丰厚的第一桶金。

三、不变的工程师作风

历军为人朴实，言辞坦率，虽然角色和生活都有了些许改变，但务实、严谨、负责、勤于创新仍然是他的信条，这些是永远不会变的。

1. 为人低调

作为专注于技术的职业经理人代表，历军很少夸夸其谈，即使是偶尔的"聊发少年狂"，也不显张狂。

2. 理性做事

历军在上任之初的一些做法，就充分反映了历军乃至整个曙光公司的做事风格：理性、稳健并充满学院的味道。

当时，历军没有管理企业的经验，所以工作重点并不是去进行很大的战略规划，而是评估现有的环境和资源。他觉得有必要看一下现有的这些资源是否充分发挥了效益，如果已经得到了充分发挥，那么企业理应是已经进入了良性发展轨道。

俗话说的"新官上任三把火"，历军却一把也没烧，甚至还把火苗压了下去。历军认为，对处于转折时期的企业来说，浮躁、憧憬未来太多、太理想化都对企业的发展不利，应该平稳、理性地来看待自己、看待市场环境。所以，上任之初的他更需要的应该是转变而不是革命。

3. 兴趣与事业换位思考

历军对于曾经的科研生活仍然有着深厚的感情。他觉得，从生活的角度来看，自己更愿意去搞技术做开发。做技术的时候，心态比较稳定，工作也比较有条理，每天按时上下班，生活得非常稳定平和舒缓，自得其乐。

即使已经成为了一个优秀的管理者，历军还是对工程师的生活状态向往不已。在他眼里，做技术不仅仅是工作，而是一种娱乐，一种获得满足的手段。从这种角度看，做技术的时候他会有一种很愉快的心情。

不过，经理人生涯也确实让历军的心态发生了一些微妙变化。历军觉得，从事业的角度看，仅仅靠做技术，是很难把一个企业做大做强的。

实践证明，世界上有很多企业，虽然拥有全球最优秀的技术，但并没有得到很好的发展。做管理者才有能力全面掌控一件事，所以，从事业的角度看，历军更愿意去做一名管理者。

因此，当把兴趣与事业二者进行换位思考的时候，你就会发现，它们并不冲突，而且还是相辅相成的。

埃 卢:
新首富的财富传奇

他是 2010 年福布斯富豪榜上的新首富,他是墨西哥电信大亨,他的资产已经超过 590 亿美元,他就是卡尔索集团的创始人卡洛斯·斯利姆·埃卢。

卡洛斯·斯利姆·埃卢用了不到 20 年的时间创造了一个神话,建立起了一个庞大的电信帝国。接着,在不到 40 年的时间里,他荣登世界首富宝座。

一、每小时进账 228 万美元的财富神话

埃卢的父亲是黎巴嫩移民,曾是某旅馆老板,后来因投资地产而"发迹"。上世纪 80 年代,埃卢接手父亲家族生意,开始在地产项目上大展拳脚。投身商业后,埃卢迅速表现出了非凡的生意头脑,特别是他的商业嗅觉极其敏锐。

上世纪 80 年代中期,墨西哥经济深陷债务泥潭,公司价值达到历史最低点,埃卢决定去"购物"了。他买入了一批这样的企业,不到 10 年时间,这些公司的市场价值已经平均翻了 300 倍。

现在来看,埃卢做的最重大一次交易是 1990 年收购 Telmex(墨西哥国家电信公司)。在墨西哥私有化开始的时候,埃卢和西南贝尔公司以及法国电信公司共同购买了这家企业。埃卢出资 17 亿美元拿到了控股权。虽然人们都觉得埃卢当时的出价偏高了,但是他一直认为这是一桩非常好的生意,他知道这家企业具有很大的潜力。

埃卢瞄准的并不都是并购,他也进行一些小规模的股权收购。1997 年,在乔布斯重回苹果公司之前,他购进了苹果公司 3% 的股份,当时的股价是每股 17 美元,但是一年之内 17 美元变成了 100 美元。

2000 年左右，埃卢开始进军互联网和个人电脑领域。但在当时，Telmex 在墨西哥仅有 1000 万电话用户，500 万手机用户。有一半的墨西哥人没有能力租一条电话线，更不用说买电脑了。

所以，埃卢的投资当时还是有很大风险的。不过，埃卢对此毫不担心。他说："电话和因特网很快就到达那些最贫穷的地区，不仅仅是每个人一部电话，我们还要让他们都能用上网络电话。"

如今，在墨西哥，有 25 万人靠给斯利姆工作养家糊口，这些人想一天不为斯利姆挣钱都难。他庞大的产业帝国包括电信、烟草、互联网服务、保险、银行、购物中心、餐饮、音像店、汽车配件、电子、钢铁水泥，甚至航空公司。

现年 67 岁的埃卢在过去 14 个月中疯狂入账 230 亿美元，刷新了 10 年来全球个人财富增长最快的纪录。

折算下来，在 2006 年里，埃卢平均每小时进账高达 228 万美元。埃卢财富的陡增主要是由于他手中的股票价格一路飙升。据统计，墨西哥股市在过去的一年中总市值增加了将近一倍，而埃卢名下企业的总市值占到当今墨西哥股市总值的近一半。

试想，这样的财富传奇，有几人能够超越？

二、搭乘政治"顺风车"，挖掘第一桶金

早在 1987 年举行总统大选的时候，埃卢便开始热衷于政治活动，频繁出入各种政治活动场所。

在商场上小有名气的埃卢，逐渐地又收获这样一条经营智慧——跟政府接近可以为自己的事业带来巨大的帮助。在此期间，他确实获得了不少跟墨西哥政府高层和社会权贵接触的机会，并建立起了良好的交往关系。

埃卢真正跟政府建立关系始于卡洛斯·萨利纳斯——1988 年～1994 年的墨西哥总统。

1987 年，在一次商界人士晚宴之后，埃卢给萨利纳斯写了一封信。在这封信中，埃卢暗示希望能够为墨西哥的经济发展做出更大的贡献。

埃卢在信中写道：

"尊敬的萨利纳斯先生，我想再过不了多久，我就可以称您为总统先生了，这是一件多么令人愉快的事情啊。今晚跟您的交谈非常愉快，对于您在墨西哥前途上的许多观点，我也非常赞同。

"我想，一个更加开放，更加自由的墨西哥，无论是对墨西哥人民，还是对我们在国际上的朋友，都将具有巨大的诱惑力，我恳切地想知道自己能为此做些什么。"

萨利纳斯此前就听说过他，大学毕业后的埃卢曾经当过股票经纪人，因此总统非常欣赏这个勤奋的年轻人。

此后，这封信就成了埃卢涉足政界的敲门砖，接着，他通过各种方式为萨利纳斯的竞选小组先后捐赠了2000多万美元，并成为萨利纳斯参选小组的重要智囊人物，也因此，埃卢通过政府捡了个大便宜——墨西哥电信公司。

当时的墨西哥电信公司，由国家绝对控股，因效率低下在业界口碑很差，已经到了无可挽救的地步，成了人尽皆知的"烂摊子"。可是，聪明的埃卢却对墨西哥电信公司两眼发光，他认为墨西哥电信公司可不是"烂摊子"，而是个"大便宜"。

通过萨利纳斯总统提供的内部信息，埃卢搭上了政治的"顺风车"，在这起悲剧中找到了新机会。

埃卢联合美国SBC和法国电信，以20亿美元的价格从墨西哥萨利纳斯政府手里收购了墨西哥电信20％的股份，其中埃卢花了17亿美元占有17％的股份。

在随后的5年内，埃卢陆续向墨西哥电信公司投资100亿美元，墨西哥电信公司不仅在运营效率上大幅提升，随着市场占有率的逐步提高，其资费标准也一路上扬。

此后，墨西哥电信公司控制了国内90％以上的市场份额，墨西哥也成为世界上电信收费最昂贵的国家。

为了减少墨西哥国内反对的声音，埃卢曾向卡洛斯·萨利纳斯领导的PRI党派提供巨额捐赠。此外，埃卢还曾经为多个贸易组织和协会提供资助。

就这样，凭借和政治高官结交朋友，通过整合濒临破产的众多小公司，埃卢搭乘着政治"顺风车"，挖到了人生的第一桶金，朝着自己梦寐以求的商业帝国奔去。

三、埃卢成功的原因

任何成功都是有原因的，而对于卡洛斯·斯利姆·埃卢的成功来说，成功的某些因素则尤为突出。

埃卢成功的智慧秘诀，有以下几点：

1. 从小建立商业意识

埃卢出生于一个商人家庭，父亲对他商业意识的培养，以及家庭中浓厚的经商氛围，都是一笔不可多得的宝贵财富。

2. 设定目标，并尽早采取行动

埃卢 11 岁时就作出了人生中的第一次投资——购买政府储蓄债券。等到 15 岁，他已经成为墨西哥最大银行的股东。

这些早期的投资和经营技能的训练，为埃卢伟大的未来奠定了坚实的基础。

3. 机遇、信心、勇气与能力是埃卢成功的动力

人生在世需要机遇，但机遇出现时，对很多人来说毫无用处，因为只有具备信心、勇气和能力的人才能把握住机遇。

埃卢之所以能够有今天的财富，能够坐上世界首富的宝座，得益于两次历史机遇，即 1982 年墨西哥经济危机和 20 世纪 90 年代的国企私有化浪潮。埃卢凭着自己的信心和勇气也牢牢地把握住了这两次机遇。

4. 低买高卖

埃卢将许多不景气的公司收入囊中，因为"它们太便宜了"。注入资金之后，埃卢再拯救这些处于水深火热之中的公司，而他的冒险之举也带来了丰厚的回报。

5. 充分占有和垄断市场

在动乱不安的拉丁美洲，似乎垄断就是暴利的基础。在 20 世纪 80 年代，卡洛斯·斯利姆·埃卢显然发现了这个发财的秘密。

长期以来，埃卢依靠控制着墨西哥 90％长话线路的墨西哥电话公司，曾单方面制定高额的国际长途连接费率，从而提高了美国与墨西哥间国际长途电话的通话成本，并依靠其垄断地位使外国电信公司很难与之竞争。

6. 深信"财富是安拉赐给世人的礼物"

坐拥巨额财富的埃卢，相信"财富是安拉赐给世人的礼物"，因此他一直过着节俭的生活，简单的生活方式也成为了埃卢这辈子的主基调。

埃卢在慈善方面大施援手，他把金钱作为一种调配社会资源的方式，希

望能够找到新的机会，把钱用在需要的地方。

尽管被世人认为有"作秀"嫌疑，但埃卢仍然坚持自己的做法，并强调："财富就跟果园一样。经营果园就是要让果树生长，然后再种树，再让它生长，长得越大越好。长不下就栽到别的地方好了。"

埃卢相信财富是神赐予的，他也将财富赐予给了他人，对于这样的埃卢，完全可以配得上"财神"这个称号。

戴　尔：
电脑还可以这样卖

　　他的公司目前名列《财富》杂志 500 家的第 48 位，《财富》全球 500 家的第 154 位，他就是迈克尔·戴尔，戴尔电脑的创始人。

　　自 1995 年起，戴尔公司一直是《财富》杂志评选的"最受仰慕的公司"之一，年轻的戴尔用他独特的营销方式，在 IT 界创下了一个财富奇迹。

一、独特营销，造就成功

　　戴尔公司从一家名不见经传的小公司开始，到如今已成为 PC 界举足轻重的新盟主。在很多人猜测他们拥有何等的核心技术的时候，事实却告诉人们：戴尔公司的迅速崛起并不是依靠领先的技术，而是依靠一种观念——低价直销的经营策略。

　　"直销"是迈克尔·戴尔在宿舍里成立公司时就已经确立的销售原则，这种独特的销售模式的精髓，就是直接面向顾客，压缩业务流程，节省中间成本。

　　"直销"模式要求公司通过免费电话直接服务于客户，只有在一台计算机卖出以后才去订购另一台计算机所需的部件。

　　在这种销售模式中，最为关键的一点就是要接近顾客，而其中最有效的途径则是直接联络顾客。

　　这样做的优点就是可以减少中间环节过多造成的混乱，同时可以减少中间环节的花费，节约的好处也让利到了客户身上。

　　戴尔公司在直接面向顾客时还十分注重对顾客进行细分，他们把具有类似需求的顾客划入同类组。

　　根据《哈佛商业评论》的研究显示，最初，戴尔公司的顾客主要是两类：来自政府部门、大企业和科研机构的大型顾客，以及来自中小企业和家

121

庭电脑客户的小型顾客。

随着对市场的不断深入研究，他们又对两类客户进行深入的细分：大型公司细分为全球性顾客和大型公司顾客两块市场；小型顾客则进一步分解为小型公司和一般消费者两块市场。

对于家庭及中小企业客户，戴尔公司大多数是通过电话进行直接销售；针对大型行业用户，公司则通过基于现场的实地销售，与其建立面对面的直接关系。

通过将个人电脑直接卖给客户，戴尔公司可以最大限度地了解客户的需求，并有效地为客户提供能满足他们需求的最有效的计算机系统。

这样一来，戴尔公司的各个业务部门成员就懂得具体顾客的具体需要，而不是通过代理商或中间人来与顾客打交道，自然也就省掉了中间流程。

迈克尔·戴尔相信，按需配制能够增进公司与客户的良好关系。事实也的确如此，直销商务模式提供了一种有用的信息，这种信息反过来又使戴尔公司加强了与中间商和客户之间的关系，从而建立了企业和科研机构客户的亲密关系。

例如，戴尔公司与波音公司合作，就是直接与波音公司打交道。波音公司只负责飞机部分，而将自己的电脑需求全权委托给戴尔公司负责。如此一来，不仅可以大大节省对顾客的维护成本，而且可以在一定程度上加强公司与顾客之间的关系。

戴尔公司的"直销"模式虽然也曾做过一些调整，戴尔也尝试了些其他的销售方式，但是，结果证明，直销模式仍是戴尔最基本的营销理念。直接销售使戴尔公司声名大噪，戴尔的营业额以火箭般的速度上升。

1984年，戴尔公司的营业额为600万美元，3年后增加到6900万美元，而到了1991年，这一数字已达到了5.46亿美元。

1995年，戴尔公司占据了全球3%的市场份额，1996年上升到4%。虽然戴尔的利润赶不上占据市场头把交椅的康柏公司，但据国际数据公司统计，戴尔的增长率几乎是康柏的两倍。

1996年，戴尔的股票价格翻了5倍，营业额达到53亿美元，1997年更是创下了120亿美元的纪录。

这种独特的销售模式，使得戴尔公司不但形成了独一无二的顾客关系，而且也使得戴尔不再是一个简单低层次的销售公司，而是能和微软、英特尔公司比肩的顶级企业。

二、组装电脑赚得第一桶金

1965 年，戴尔出生在美国休斯敦，因其父亲是一位牙医，所以，父母从小就希望戴尔以后能成为一名医生，在美国，这是最正确不过的选择，也是一条光明大道。

但现实并没有朝着父母想要的方向发展。中学三年级时，戴尔开始迷上了电脑，他喜欢把他那台 Apple II 拆散，又重新装上。

16 岁上中学时，戴尔找到一份差事——替休斯敦《邮报》拉订户，他设想新婚夫妇是这种报纸的最佳订户，于是雇同学抄录下新领结婚证者的姓名和地址。他将这些资料输入电脑，并向新婚夫妇们寄去一封颇具特色的信，并免费给每对夫妇赠阅两周的《邮报》。

结果他发明的这种直销方式令他大获成功，年纪轻轻的他就赚到了 1.8 万美元，他用这笔钱买了一辆宝马汽车。

1983 年，为了不辜负父母对他的一片期望，戴尔进入了德克萨斯大学，成为了一名医学预科生。

虽然他学的是医科，但事实上他的心里却始终只对电脑行业感兴趣，他也很想在电脑行业大干一场。

这时，戴尔看到宿舍中很多同学都还没有电脑，他想到卖电脑也许是个不错的选择。于是，他从当地的电脑零售商那里以低价买来了一些积压过时的 IBM 电脑零部件，自己组装后销售。

事实证明他的判断是对的。下课后，戴尔宿舍门口总是排满了前来买他电脑的人。由于他丰富的电脑知识和敬业精神，他组装的电脑质量好，但更重要的原因是价格便宜。

同样一台电脑，IBM 当时卖 2000 美元，但他只卖 700 美元。因为 IBM 电脑最后售价中的三分之二都让中间商、代理商给赚走了。

后来，戴尔回忆说："由于批发商的高价与用户得到的服务有差距，这给我做直销创造了机会。"不到一年的时间内，戴尔在组装、升级电脑方面已是名声远扬，并屡屡获得合约。

就这样，一个学医的大学生给自己的创业起了个好头，他收获的第一桶金是他智慧的结晶。

三、戴尔：成功有诀窍

迈克尔·戴尔对电脑的痴迷以及与生俱来的冒险精神，为他自己带来巨

大的成就的同时，也为世人展现了一个大公司企业家的风采。

在他成功的道路上，可以窥见到他许多成功的因子。

1. 冒险精神

迈克尔·戴尔的冒险精神是他成功道路上的重要基石。

他不到 20 岁的时候，便从大学退学，不久便成立了自己的计算机公司，专心致志地开始实施他超越 IBM 的梦想。

他发明了一种全世界都想模仿的商业模式——直销方式销售计算机。然而，许多年过去之后，几乎没有一个效仿成功的例子。

20 多年后的今天，戴尔公司已经是世界第一大家用计算机公司。

2. 慎选人才

戴尔公司找的是具备学习者的质疑本质，并且随时愿意学习新事物的人。

在发展初期，公司处于风险颇高阶段，所以戴尔会甄选具有高度冒险性格和变通能力强的人。

在戴尔公司成功的要素当中，很重要的一环即是挑战传统智慧，所以戴尔会寻求具有开放态度和能提问思考的人。

在财务、制造、信息技术等方面，迈克尔·戴尔会聘用专业人士负责。在他看来，如果聘用了好的人员，他们不光自己有所作为，还会带进更多的优秀人才。

3. 双主管制度

常言道："一军不容二帅。"但事实上，双主管制度在戴尔公司成效极高。

任何一家公司想要成功，关键在于最高层人员是否能分享权力；高层人员必须把重点放在整个组织的发展上，而非个人的权力扩张。

双主管制度为戴尔公司带来了极大的能量与热情，使得所有的能量都化为了行动，促进了公司的成长。

4. 管理增长

这是戴尔在公司成长过程中最为重要的经验教训。一开始，他和其他经理人一样认为公司超速增长时不会遇到这样的问题，但是事实证明，速度太快的增长对公司来说是危险和致命的。

戴尔公司曾经在一年之内使销售额从 8.9 亿美元增长到 21 亿美元，但是到了第二年，公司"以一种壮观的方式撞在墙上，然后摔得粉碎"。

此后，戴尔要求不仅要避免犯同样的错误，甚至还要做到避免问题的发生，因此他经常举行由高级管理人员参加的集体思考以及由工厂里的员工参加的会议。

5. 工作细分化

就一个制衡系统的功能而言，细分化是一种非常实际的做法。工作细分化有助于戴尔找出自己的弱点，并因此形成企业的策略。

当事业突飞猛进时，许多新的工作会衍生附加责任，而变得过于庞大与复杂，以特定方式划分出不同的事业体、产品组织或功能性组织，让新细分出来的结构更易于管理，更能把重心放在商业契机上。

这种做法不但能维持员工的满意程度与成长，也能保持高的成长率。

6. 了解顾客的需求

戴尔公司投入了很大的精力去了解如何才能提高顾客满意度：究竟是答复电话咨询的时间、产品的品质、有价值的特色，还是产品使用的难易度？

为了了解顾客的需求，戴尔会动员全公司都开动脑筋，从生产部门到研发、销售和后勤人员都会牵扯进来。

7. 与客户保持直接关系

在迈克尔·戴尔看来，"与客户保持直接关系"能为公司提供更多有价值的信息，以便更好地管理企业。

如果销售的是高技术产品，就要给访问公司网站的客户提供公司自己的技术支持。这样将给公司节省许多的客户服务时间，同时还可能使客户成为回头客。

另外，通过使用网络，公司可以扩大最终客户数量并显著增加对市场的认识。

8. 直接沟通

戴尔公司不允许信息缓慢到达。由于戴尔公司处在分秒必争的行业里，因此立即沟通，以及立即解决问题，是绝对必要的。

在戴尔公司开放的企业文化中，大家可以尽情采取直接的渠道，得到所需的信息，通过会议、电子邮件和公司内部网络等进行及时的"讨论"。

9. 自我批判

"自我批判"的态度，已经深植戴尔公司的文化中。

迈克尔·戴尔随时质疑自己，随时寻找改进事物的方法。他要求员工不要"粉饰太平"，而是在说完好消息之后也要说坏消息。

迈克尔·戴尔试着由上至下建立起这样的行为模式：聘用具有开放观念的人员，并且把他们培育为领导者。这些人在自己犯错的时候，必须能够接受他人公开的反对或纠正。

10. 不满足现状

戴尔的公司文化不屑于只满足现状，他们总是试着训练员工，去寻找突破性的新观念，让他们在公司面对大型的策略挑战时，可以根据实际状况迅速提出最佳解决方案。

戴尔公司经常训练员工提问的能力，要他们思考：戴尔可以用什么方式改变游戏的规则？哪些做法可以让戴尔达到这个目标，而其他人从未想到过？

这种不满足现状、永不服输的态度，引领着戴尔公司一路前进。

AMD 大中华总裁郭可尊：
IT 界的铿锵玫瑰

现代社会，女性开始走出家庭，在政治、经济和社会上扮演着越来越多的角色，尤其在企业里，女性高管的比例不断攀升，完美诠释了现代商业竞争的柔性特质。

在几乎被男性统治的 IT 业，她是绝无仅有的跨国公司女性 CEO，加盟 AMD 的 6 年来，她使中国成为 AMD 全球最大的单一市场，并获得所有中国市场上主流 PC 厂商的支持。

她就是 AMD 大中华总裁郭可尊。

一、从史特温斯工学院出发

郭可尊，硕士学位，毕业于美国史特温斯工学院，现任 AMD 全球高级副总裁兼大中华区总裁，同时也是 AMD 全球企业发展执行委员会委员。

IT 行业多变、重技术、竞争激烈等特征让许多职业女性望而却步，但现在也有越来越多的女性在这个行业中脱颖而出，郭可尊就是其中最为成功的女性。这位 AMD 全球高级副总裁兼大中华区总裁完成了从科学家到企业家的转型，并带领 AMD 进入了高速发展时期。

郭可尊属于典型的技术背景出身，她曾经是中国科学院计算所副研究员，并且出任过中国国家智能计算机研究中心副主任。

加盟 AMD 之前，郭可尊曾出任摩托罗拉中国研究院院长和数字基因中国实验室主任，全权负责摩托罗拉在中国区的科研发展。

摩托罗拉 9 年的职业经历，对郭可尊的职业发展有着重大影响，她经历了一家 6 亿美元的公司成长为一家 50 亿美元的大公司的过程。她参与其中并且学到了很多，她认识到了管理者在企业发展中的重要作用，也开始思索，中国企业有多么大的成长空间。

2002年，AMD向郭可尊伸出了橄榄枝。经过思考，10月份，郭可尊进入了AMD，最初的头衔是总公司副总裁兼中国区总经理。在接手AMD中国业务时，很多人都认为，挑战英特尔几乎是不可能完成的任务，她也犹豫过，但勇于向前的个性让她最终接受了挑战。

在到AMD上班的第一天，董事长鲁毅智就对她说："在中国，所有的事情都是可能的。"

新官上任三把火，郭可尊开始对公司的未来之路做全新的规划，她干的第一件看似不可能的事情，就是从英特尔那里吸引了很多OEM厂商加入AMD的阵营。

郭可尊上任的前三年，AMD就先后与曙光、联想、清华同方、方正、神州数码等国内主要计算机厂商建立了紧密的战略合作关系，同时也加强了同戴尔、IBM、惠普等跨国公司在华业务的合作，大中华区也由此成为AMD全球第二大业务中心。

针对外界的质疑，郭可尊坦然处之，她认为，这样做不是想反对谁、代替谁，而是让客户有一个自由选择的权利。

郭可尊一直相信，只要不懈努力，就一定会有收获，因为她的出发点是"合作共赢"，没有人能拒绝别人给他的好处。

2004年5月，AMD中国有限公司正式组建，AMD大中华区总部也选定中国，即包括大陆、中国香港和中国台湾等市场。

郭可尊发挥女性特有的细腻和感性的特质，用"中国情结"来感化总部的领导，同一年，在她的"中国情结"感召下，AMD总部向中国转让了x86微处理器设计核心技术，这成为中美半导体界迄今为止最高水平的技术转让事件，在当时引起了不小的轰动。

同时，郭可尊还积极在公司内部倡导对本土科技人才的培养，在她主导下，AMD中国针对本土科技人员的弱点设计了许多培训计划，这一方面为公司储备了大量优秀人才，也为中国的科技事业做出了贡献。

2006年11月，郭可尊升任AMD全球高级副总裁，同时兼任大中华区总裁，继续负责AMD大中华区战略决策及运营。

在郭可尊的努力下，AMD在大中华区市场上取得了突飞猛进的发展，无论是市场销售、客户开拓，还是生产研发、企业形象等方面，都取得了历史性的突破。

从史特温斯工学院毕业到现在成为AMD全球高级副总裁，郭可尊就像一朵IT界的铿锵玫瑰，绚丽绽放。

二、从英特尔黑森林抢来的第一桶金

2002 年，在摩托罗拉中国研究院做院长的郭可尊收到了来自 AMD 的邀请，职位很诱人：AMD 大中华区的负责人，但她并没有马上答应。

"这个职位上要担负的责任太大了，自己能承担得起吗？"她在下决定的最后一分钟还在犹豫。

郭可尊明白，作为一个科技工作者，她并非对市场一无所知，如果接受，自己将面临史无前例的挑战：在 2002 年，英特尔几乎垄断了品牌机的全部市场，AMD 的产品只在 DIY 和发烧友中才有少量存在。怎样打开市场，让更多的人接受 AMD 的产品，对她是一场挑战。

但绝境中也蕴藏着希望，郭可尊看好 AMD 当时正在大力研发并准备推出的 64 位技术，虽然当时很多 PC 厂商认为 32 位足够了，不需要 64 位技术。但她认为，这必将成为未来几年内市场的主流技术，64 位技术将推动整个 PC 向数字化应用、多媒体应用发展，这将是一个跨时代的转变。

2002 年 10 月，AMD 新上任的全球 CEO 鲁毅智同郭可尊进行了一次深入的沟通，鲁毅智对郭可尊说："我知道你很想为中国的 IT 产业做一点事情，难道你希望 AMD 在中国的最高决策人，是一个外国人吗？不，这应该是你的机会。"

一番话让郭可尊沉思良久，她清楚，要改变中国 IT 产业的格局，只能依靠中国自己的努力，而自己恰好面临着一个可以推动中国 IT 产业发展的机会。

于是，她临危受命，成为了 AMD 大中华区的负责人。

到 AMD 中国之前，郭可尊已经设想过自己将要面临的困难，但她没有想到，困难如此之大。

当时没有人看好 AMD，以至于有媒体认为，AMD 在中国要"穿过英特尔的黑暗森林"是不可能完成的任务。但在她看来，困难越大，内心的斗志就越强。

郭可尊在上任之后，就着手对国内较大的 OEM 厂商进行面对面的拜访。有一天，在同一家国内知名品牌的老总谈话中，这家企业的老总对她说："如果我们合作失败了，你丢掉的只是一个总裁的位置，而我们丢掉的，却是一家民族的企业。"

郭可尊感觉自己肩上的担子更重了，承担着众人的依托，郭可尊开始了

自己人生中最有挑战性的一段岁月，她开始着手制定 AMD 的中国发展战略。

郭可尊从中国的实际国情出发，制定了 AMD 的中国发展战略，她将这个战略定性为一条本土化的策略，是和中国科技兴国、振兴民族产业共同成长的决策。从另外一个角度，郭可尊希望，AMD 通过承担更多的社会责任来换回被英特尔独占的市场发展空间。

2003 年，郭可尊在中国做了第一件大事：与曙光公司合作进行超级计算机的项目。这一合作的成果使中国的超级计算机运算性能进入了当年全球前十名之内，并得到了国家相关部门的高度认可。

在北京的高技术企业发展最困难，大量企业开始撤出中关村的时候，郭可尊却毅然决定将 AMD 总部搬进了中关村园区，以此表明 AMD 和中国共同发展的决心。

接下来，她又极力推动 AMD 向中国转让了美国政府许可转让的最高级别的核心技术——x86 微处理器设计核心技术。

2006 年 8 月，AMD 投资 1600 万美元在上海建立了美国本土以外规模最大的研发中心，郭可尊的一系列改革举措，为 AMD 在中国的业务带来了巨大转机。

客户开始信任 AMD、尊敬 AMD，这些都说明企业发展与国家和社会发展目标结合的重要性。郭可尊认为，正是将 AMD 和国家、社会的发展目标融合在了一起，才使得客户能更快地接受 AMD。

郭可尊临危受命，让 AMD 公司在中国的业务获得了新生，带领 AMD 走出了英特尔独占的"黑森林"，同时，也为自己的事业创下第一桶金。

三、知识和能力创造价值

从一位女科学家到一名 CEO，郭可尊的成功跨越令人称道，科学家的严谨与缜密加上女性特有的细腻，成就了一位 IT 界的铿锵玫瑰。

很多人都觉得，女性不适合在这种高、精、尖的行业工作，更谈不上能有所作为了。但郭可尊认为，女性的性格本身有很大的弹性，因此就能够很冷静地面对这些压力，同时还可以用比较细腻的、细致的思维，慢慢地将事情做成。

她认为，女性要勤奋、坚持、敢于挑战和超越自己，有一些领域确实是男性的世界，但女性只要敢于挑战，就有可能脱颖而出。

在这一方面，郭可尊为追求事业的女性树立了榜样，她认为，成功并没有想像的那么难，只要充分发挥自己的优势，不断完善自己就能实现超越。

郭可尊对女性的建议：

1. 充分发挥女性潜能

郭可尊认为，女人有非常善于在同一时间内，同时处理好许多事情的能力，这个能力是发挥自身领导力的重要部分，所以女性与生俱来的本能使得她们有着天生做领导人的潜能。

另外，女性都有非常天然的亲和力，让周围的人愿意与她共事，信任她、依靠她，也正是这种天然的、与生俱来的女性魅力为竞争激烈的商海带来了一股暖流。

所以，不要以为女性特质会妨碍自己走向成功，恰恰相反，充分发挥女性的潜能和优势，是女性走向成功的基石。

2. 克服弱点，建立自身优势

如何去建立自身的竞争优势是女性在社会上取得成功的第一步。

在传统的约束性教育模式下长大的中国的女性，往往会有很重的依赖心理，希望自己碰到一位像父母般的导师、老板，得到他们的帮助，自己的成功之路会更好走一些。

但郭可尊希望女性明白，一个人的成功不能依赖拥有一位面带微笑的老板，而是应该靠承担这份工作的知识与能力。

克服依赖的心理，让自己独立，建立自己的竞争优势，是成功的第一步。

3. 用女性特殊的视野去学习别人的经验

郭可尊说："我的管理与领导经验都是从每一位管理过自己的老板身上学来的，与他们朝夕相处的日子里，感觉几乎每天都跟上生动的 MBA 课程一样。从我现在的管理风格中，还可以看到许多过去上司们的影子。"

女性有着细腻的观察力，能看到事件背后更深层次的东西，如果用女性特殊的视野把过去的经验进行集成、发挥、再创造，就能帮助自己铸造人生的辉煌。

Google 双雄：
车 库 里 的 杰 作

纯白色的搜索主页，五颜六色、充满童趣的标志，"轻轻一点，你就知道"的神奇搜索功能……

这就是 Google。

似乎一夜之间，Google 就融入了人们的日常生活，成为生活中不可或缺的一部分。每天，数百万人用 100 多种不同的语言在使用 Google，对他们而言，Google 就等同于互联网。

作为一家年轻的公司，Google 取得的成就令人瞩目。但很多人可能想不到，这个伟大的发明，却是在车库里诞生的，而它的创造者也只是两个 20 多岁的年轻人。

一、Google 的创富密码

Google 的创始人佩奇和布林的创业思路和大多数创业者不同，他们把工作重点放在了完善产品上，而不是先想着如何实现盈利。但众所周知，Google 的搜索服务是免费提供给用户的，它究竟靠什么来赚钱呢？Google 的创富密码是什么？

Google 的收益来源有种：一是搜索技术授权，二是关键词广告。

鉴于 Google 强大的搜索功能，雅虎、AOL、思科、宝洁、美国能源部等许多大公司和政府机构也开始使用 Google 的搜索技术，Google 就按照搜索的次数来收取授权使用费。

雅虎的门户搜索引擎服务就是由 Google 提供的，Google 就按照搜索的次数向雅虎公司收取授权使用费，仅此一项，Google 每个季度的收入就达数百万美元。

Google 另一个赚钱的方式是关键词广告。和其他网站硬性的插入广告不同，Google 的广告形式不采用横幅广告，也没有 Flash 动画广告，所有的广告都是按照客户购买的关键词，以纯文本的方式把广告安置在相关搜索页面的右侧空白处，把所有的文字广告单独列出来，并用特别的颜色标示"赞助商链接"。

比如，有人在 Google 上输入"化妆品"，那么在搜索结果的网页上，就会出现有关化妆品网站的文字广告，每次搜索 Google 向商家收取 0.8 美分到 1.5 美分的广告费。

用户在使用关键词进行搜索时，相应关键词的广告出现在搜索结果中，并保证出现在搜索结果较前的位置，这种广告效果比那些一进去便强行出现在网站窗口的广告形式要好得多。

Google 的搜索结果排列是依据其"网页级别"（Page Rank）技术，即考察该页面在网上被链接的频率和重要性来排列的，互联网上指向这一页面的重要网站越多，该页面的位次也就越高。

Google 的计算方法以一个网站被其他网站索引的数量为基础，如果你在 Google 网站上输入"奥巴马"，Google 就会搜索出所有涉及"奥巴马"的网站，然后将其中出现频率最高的网页列于首位。

所以，Google 的每一个搜索结果都是"纯技术选择"，是计算机程序按照点击率规则自动排列出来的。

正是由于 Google 搜索的真实性和权威性，现在的人们已经习惯于通过 Google 上的排名，来判断一家公司或一件商品的好坏。

因此，Google 公司每周平均会收到一万封电子邮件，询问的都是同样一个问题："如何才能让我们的公司在 Google 上的排名上升？"

随着公司规模的扩大，Google 上市成了两个创始人面临的一大课题。而两个技术天才不仅创造出了奇特的搜索引擎技术，更试图在 Google 公司上市上进行创新。

2004 年 8 月 19 日，Google 在纳斯达克挂牌上市，他们以拍卖的方式进行 IPO（首次公开募股）定价，这种标新立异的募集方式，在华尔街引起了震动，被美国媒体称为"对华尔街的清洗"。

两个年轻的亿万富翁就这样诞生了，在 2009 年福布斯美国富豪排行榜上，谢尔盖·布林和拉里·佩奇并列排名第 43 位，成为美国 400 富豪榜中最年轻的富豪。

二、车库里赚出的第一桶金

Google 创始人之一谢尔盖·布林出生于莫斯科，是马里兰大学的荣誉毕业生，拥有数学和计算机专业的理学学士学位。大学毕业后，他考入斯坦福大学计算机专业就读。

谢尔盖·布林的父亲迈克尔·布林是一名数学家，曾经在苏联的计划委员会就职，1979 年，他带着妻儿移民到了美国。

父亲之所以要离开苏联，除了自身原因外，还考虑到了谢尔盖的前途，当时他根本没想到谢尔盖会成为一名 IT 产业巨子，他只是希望儿子能顺利拿到博士学位，并最终成为一名对社会有用的人，当然能成为像自己一样的教授就更好了。

但谢尔盖并没有按照父亲给他设定的规划发展，他在斯坦福大学攻读博士期间选择了休学，选择和拉里·佩奇一起创业。

Google 的另一位创始人拉里·佩奇毕业于密歇根州安娜堡大学，拥有理学学士学位。他的父亲是一位计算机系的教授，受父亲的影响，佩奇早在 1979 年就开始使用计算机，他在斯坦福大学计算机研究所博士班里结识了好友谢尔盖·布林。

Google 最早起源于 1996 年 1 月诞生的 Back Rub，Back Rub 是佩奇和布林的一个课题实验。

有一天，他们惊异地发现：每天有成千上万的人在使用原本只有数位导师知道的 Back Rub 系统！于是，两人兴致勃勃地准备出售 Back Rub，但当时各大门户网站对这项技术并不感兴趣，佩奇和布林不甘心放弃，决定自己去做。

他们俩和仅有的一个员工开始了艰难的探索之路，在这间车库里，他们废寝忘食，一遍遍地做程序，研究改进的方法。

功夫不负有心人，1998 年 9 月 7 日，Google 终于诞生了！

不久，他们的努力就得到了回报：那时的 Google 每天已经有了 1 万次搜索，并开始被媒体关注。1999 年，有两名风险投资家向 Google 注入了 2500 万美元的资金，帮助 Google 进入了一个崭新的发展阶段。

短短几年，Google 就迅速发展成为全球规模最大的搜索引擎，并向雅虎、美国在线等其他目录索引和搜索引擎提供后台网页查询服务。

作为世界著名的搜索引擎，Google 有着强大的技术支持，她将自身建立在网页级别（Page Rank TM）技术之上，这项获得专利的技术可确保 Google 始终将最重要的搜索结果首先呈现给用户。

而高效能的服务器也为 Google 提供了强有力的技术保障，用于支持 Google 海量信息传输的服务器安放于美国的 5 个数据中心，这些服务器性能强大，安全性能极好，可经受炸弹爆炸和地震等自然灾害的考验。

两个才华横溢的年轻人，用自己的智慧和坚持成就了一个互联网时代的神话，也收获了人生中的第一桶金。

三、Google 带给 IT 市场的启示

经过十几年的发展，Google 从一家雄心勃勃的创业公司发展成为改变了整个互联网产业的行业巨头。无论是互联网搜索，还是软件市场，Google 都拥有一席之地，Google 也给 IT 市场带来很多的启示，值得我们深思。

1. 好创意代表成功了一半

在策划成立 Google 之初，谢尔盖·布林和拉里·佩奇决定提供搜索服务就是一个很好的创意。他们用成功告诉我们，好的创意会得到用户支持，这是互联网企业家们在策划下一项服务时应该考虑到的问题。

2. 互联网搜索大有作为

Google 首次踏入互联网搜索市场时，市场格局与现在大相径庭。当时，搜索业务被少数几家公司主导，他们知道应该做什么，但对如何实施却没有明确的想法。

而 Google 的出现打破了这种局面，它向业界证明，依靠互联网社区和独特创意，搜索行业也可以做大。

3. 互联网广告是互联网企业未来发展的方向

Google 在确定利用广告资助搜索的同时，已经向其他企业证明，互联网广告不仅在今天起着举足轻重的作用，在将来也是如此。

目前，许多互联网公司都大力投资互联网广告业务，这种商业意识的进步应当感谢 Google。

4. 小公司更容易取悦用户

成立之初，Google 就坚持"不作恶"原则，但随着公司规模的壮大，Google 已经很难再坚持这一原则，Google 的"实景地图服务"就曾屡遭隐

私保护组织的质疑。

所以，怎样在公司规模扩大后，仍能取悦日益庞大的客户群，是每个公司应该思考的问题。

5. IT 企业应寻求多元化发展

在 Google 产生之前，互联网企业似乎都坚守这样一个信条：能在一个行业取得成功即可，多铺摊子会分散精力，导致哪一项都做不好。例如，eBay 只专注于拍卖，而亚马逊立足于在线零售。

但 Google 的出现有力地驳斥了这一观点，它向业界证明，互联网公司可以做很多事情，并且能够成功。

当前，Google 的业务涵盖了从搜索、广告到云服务，再到移动操作系统等范围。这些都在启示 IT 企业，寻求多元化发展是非常必要的。

6. 互联网企业能够与消费者产生共鸣

多年前的互联网和现在的完全不同，当时只有几家公司在提供单一的服务，没有一家公司能像 Google 一样家喻户晓，人们也仅仅把互联网企业看作是生活的工具，不会产生情感共鸣。

如今，Google 几乎成为了搜索的代名词。在这个过程中，Google 已经向业界证明，凭借周到的服务和出色的用户体验，互联网企业也能与消费者产生共鸣。

7. 微软并非坚不可摧

微软就像一个神话，人们把它看作一个不可逾越的成功范例，但 Google 的成功让我们看到，微软的地位并非坚不可摧。

微软将太多的时间和精力放在了软件和其他自身业务上，从而忽略了互联网业务的发展，这在某种程度上成全了 Google。这也启示一些规模尚小的互联网企业，找到自己的主攻方向和市场突破口，就能在激烈的市场竞争中赢得一席之地。

Facebook 创始人马克·扎克伯格：
IT 界最年轻的富豪

从外表上看，美国人马克·扎克伯格和刚刚走出校园的普通年轻人没什么不同。他穿简单的 T 恤、松垮的牛仔裤、白色的运动鞋，讲起话来还有点腼腆，但现在，他已经成为和比尔·盖茨一样传奇的人物了。

2010 年，《福布斯》发布的 IT 界最年轻富豪排行榜中，作为 Facebook 创始人的马克·扎克伯格以 40 亿美元身价位居榜首，他也因此成为世界上最年轻的亿万富翁。

比尔·盖茨从哈佛退学后，缔造了"微软"神话，而现在，他的校友马克·扎克伯格和他一样，从哈佛退学，在 IT 界写下了自己浓墨重彩的一笔。

一、Facebook 就像中彩票

绝大多数的创业者在成功之前都会经历无数次的失败，但 Facebook 的故事仿佛一个一夜暴富的神话，他径直选中了那张会中奖的彩票，轻松斩获财富人生。

在稳稳占据了常春藤名校的用户群后，马克察觉到许多用户虽然就读于不同大学，却仍保持着密切联络，其中的纽带就是，这些人曾就读于同一所高中。于是，Facebook 立即向高中在校生开放，并顺应这个思路，逐渐开放为一个公共社交网络。

在社交型网络蓬勃发展的早期，Facebook 依靠数笔投资得以顺利运营，在 2005 年 9 月新闻集团成功收购 My Space 后，Facebook 成了另一个抢购对象。

当时，雅虎曾正式开出了 10 亿美元的并购天价，但被当时年仅 22 岁的马克一口回绝，他表示，自己既不打算卖掉公司，近期内也不打算公开募股上市交易。马克始终坚持公司的目标是寻求长期发展，不必分心兼顾别的

事情。

这番言论在当时招致了无数嘲笑，马克也被美国的金融评论家批评得体无完肤——幼稚、天真、缺乏经验、好高骛远。

但命运女神似乎特别青睐于马克·扎克伯格，众口一词的唱衰预言丝毫没有阻挡 Facebook 的爆炸性发展势头。2007 年 10 月，经过数月的磋商之后，微软以 2400 万美元的价格购得了 Facebook 的 1.6％股份，微软的这一举动，将 Facebook 的整体估值提升到了 150 亿。

2009 年 4 月，Facebook 的全球注册用户数达到了 2 亿，发展势头锐不可当，在 Facebook 成立 6 周年的 2010 年 2 月 4 日，马克·扎克伯格宣布，Facebook 的注册人数即将突破 4 亿。

有人将马克·扎克伯格的成功归结为幸运，的确，他是幸运的，他在正确的时机选择了正确的发展方向，也少走了很多弯路，但把 Facebook 的成功仅以"幸运"一词敝之，则未免太看轻这位硅谷新贵。马克有着自己独特的经营理念，正是在他的领导下，Facebook 才会平稳的一步步前进。

首先，马克坚信 Facebook 是一个科技型公司，而非单纯的媒体，发展目标是科技上的突破及创新，所以，仅仅靠管理是远远不够的。

在硅谷，有许多创业者在获得初步成功后便弃己所长，转而醉心于管理，在他们清醒过来之前，原来拥有的技术或理念已经过时，"管理"于是变得毫无意义。

在这个理念的指引下，Facebook 在 6 年间不断改版，不断推出新的功能和新的应用平台，用先进的技术吸引更多的用户。

坚持 Facebook 所有权的独立，是马克成功的另一个立足点。面对 Web2.0 时代的标志性网站 YouTube、My Space、Flickr 接连被收购，Facebook 却始终保持着财政上的独立，拒绝被"招安"。

马克认为，如果自己卖掉公司，等于宣布自己就此退场，被并购等同于不光彩的逃避，这不是他想要的发展模式。

马克·扎克伯格是幸运的，他的 Facebook 就像中彩票一样，直接、轻松地帮他收获了巨额财富。但 Facebook 能走到现在，积累更多的财富，靠的却不是幸运，而是马克·扎克伯格超强的管理能力和市场判断力。

二、"哈佛黑客"打造第一桶金

1984 年，扎克伯格出生在纽约北部的富人区，在较为优越的家庭环境里，这个聪明的小男孩每天可以把大量的时间"浪费"在电脑前。

小扎克伯格不是在漫无目的地玩，他在自学编程。对于一个几岁的孩子而言，这听起来似乎是一件不可思议的事情。10 岁的时候，父母注意到扎克伯格对电脑特别痴迷，于是送给他一台电脑。从此，扎克伯格有了一个可以供自己施展的平台。

中学时，扎克伯格已经开始自己编程了。还在读高三的时候，扎克伯格就和同学一起开发了一个 MP3 播放器 Winamp 的插件。在你听音乐的时候，这个插件能逐渐了解听者对音乐的收听习惯或者偏好，继而自动产生一个符合个人音乐审美的播放列表。

他们把这个插件上传到网上供人们免费下载使用，当时很多知名的大公司都对这个插件产生了很大的兴趣，其中不乏像 AOL（美国在线服务公司）和微软这种大公司。很快，他们就向扎克伯格和安吉洛发出了加盟邀请，并表示接受他们所开发的这个插件。

面对这么好的机遇，扎克伯格却没有动心，他果断地拒绝了。他坚持自己设计好的人生规划：进入哈佛大学深造。

扎克伯格如愿进入了哈佛大学，虽然他读的是心理学专业，但他仍然痴迷于电脑。在上大学期间，扎克伯格就已经表现出创业者所需要的大胆、自信以及能干的特质。

在美国，大多数学校都有一种叫作 Facebook 的学生简易档案，即用学生的免冠照片并配以简单信息说明而编写的通讯录。

不过，哈佛却没有 Facebook，机灵的扎克伯格就抓住了这个契机，他想，如果能给哈佛建一个在线版本的 Facebook 供大家交流，应该是非常好玩的。

在这种好奇心的驱使下，这个"不安分"的学生在大学二年级的一个晚上，扮演了一回"黑客"，扎克伯格入侵了哈佛大学的学生档案库，将学生的照片拿来用在自己设计的网站上，供同学们相互交流和发表评论。

"黑客事件"在哈佛引起了不小的轰动，因为泄露了学生的隐私，违反了学校纪律，扎克伯格遭到了校方的严厉批评。他的事还被以"哈佛犯罪之子"之名，载入哈佛的大事记中。

"黑客事件"不久，扎克伯格并没有因为校方的干涉而停止，而是倔强地要证明这个社交平台是大家所需要的。在室友的协助下，扎克伯格正式创建了社交网站 Facebook，并于 2004 年 2 月正式在哈佛校园推出。

出乎意料的是，只是出于一种好奇而创建的 Facebook 社交网站，却产

生了巨大的反响，扎克伯格并没怎么努力，Facebook 就迅速在哈佛大学流行起来。

当时，Facebook 还只是一个仅面向哈佛在校生的小型网络，随后在同学达斯汀·莫斯考维茨的协助下，Facebook 也吸引了美国 300 多所高校的学生参与。Facebook 推广至斯坦福、康奈尔、耶鲁和哥伦比亚等大学。

2004 年底，Facebook 的注册人数就突破了 100 万，鉴于这种大好的形势，正在读大二、年仅 19 岁的扎克伯格萌生了辍学去专职经营网站的想法。

不久之后，扎克伯格与几个朋友在位于硅谷的帕鲁奥图租下了一间小屋，开始了创业之路。

在硅谷的这个夏天，网络支付系统贝宝的创始人之一彼得·泰尔向 Facebook 注入了 50 万美元的资金。这笔资金的注入使得这群年轻人更加坚定了发展社交网络的信心。在这个暑假之后，他们没有人回到哈佛的课堂，而是选择集体辍学留在了帕鲁奥图，开始自己的创业之路。

这位往日的"哈佛黑客"凭借新奇的创意收获了人生的第一桶金，并且用这第一桶金走上了创业的道路，开启了财富人生。

三、"娃娃 CEO" 的蜕变之路

对于一个年仅 19 岁就开始创业并迅速成为一名公司 CEO 的年轻人来说，角色的转变来得太快，很多人都不相信这个"娃娃 CEO"能领导这么大的公司。但事实证明，扎克伯格做到了，而且做得非常出色。

在 Facebook，人们喊扎克伯格为"扎克"，人们认为他和 Google 的联合创始人佩奇和布林有一拼——高度自律，精力集中。

公司成立初期，也曾有很多的批评向马克·扎克伯格袭来，他的管理决策饱受外界质疑，网站页面的重新设计显得拙劣，公司服务协议被指"霸王条款"……甚至有人会问，扎克伯格是不是可以离开了。

但批评与质疑很快烟消云散，Facebook 已经华丽转身：现金流的转正速度超过预期，用户量高达 4 亿，资产估值约为 150 亿美元。

这些变化反映了扎克伯格正在日渐成熟，他的决策也日益坚定。这位"娃娃 CEO"是怎样快速实现这种蜕变的呢？

扎克伯格的自信和自律让他对任何事都信心十足，并全力以赴地去完成。一次，他与工程师打赌称一周可以完成 5000 个俯卧撑。虽然扎克发誓自己做得到，但是其他人都对此表示怀疑，扎克伯格却坚持认为这是很容易

实现的目标。

为了证明自己能做到，他每天定时休息去做 10 个～15 个俯卧撑，其中有一次还是在与来访者开会期间。

结果，这个在别人看来不可能的事情，他做到了。

扎克伯格做事大胆、眼光长远，关于公司的远景构想使他倾向于那些巨大的、高风险的赌注，他曾推行网站改版，招致广泛抗议，但经过微调之后，抗议声都销声匿迹了。他用自己的才华再一次证明了自己。

不是每个人天生就能胜任每一个角色，能力是实践中历炼而成的。马克·扎克伯格正在经历进化，而且必定会进化成为最伟大的 CEO 之一。他会建立一个伟大的企业，创造出不朽的价值。

第四章　房地产精英的掘金地图

改革开放 30 多年来，推动中国经济迅猛发展的最主要原因不外乎两种：中国制造的鼎盛，与房地产业为龙头的"土地经济"。前者宣告了工业时代的来临，后者则体现了土地这一生产资料的恒久价值。

在中国房地产市场刚刚形成的时候，许许多多小人物敏感地觉察到了房地产市场巨大的商机，他们在众人尚未"苏醒"的时候，抓住了机会。

没有经验可查，没有模式可循，他们就像探路者，在黑暗中摸索前进。

如今，我们在津津乐道于这些房地产精英的传奇故事，并试图找到他们掘到第一桶金的秘诀时就会发现，其实，他们是在历尽曲折，突破重重困难之后才创造了财富传奇。

魅力商人潘石屹：
海 南 淘 金 记

在中国，谈论房地产风云不可不谈 SOHO 中国公司的潘石屹，他开发的楼盘占据了北京 CBD 地区将近一半的销售额，他以不变的"笑面虎"形象出现在各种论坛、媒体中。

这个从西北农村走出来的房地产大亨，经历了贫穷的少年时代，然后在海南开始了自己的创业之路，凭借在海南淘来的第一桶金，他北上京城，开启了自己辉煌的房地产事业。

一、穷小子的艰难淘金路

潘石屹，SOHO 中国有限公司董事长，1978 年辞职下海到深圳、海南，后到北京，专业从事房地产开发。

1991 年 8 月，因经济萧条而失业的潘石屹找到了几个有共同想法的合伙人，他们都看好了当时的海南，希望能在海南地产界有所作为。

于是，他们注册成立了万通公司，高息借贷 1000 多万元炒房，随着海南经济第二波热潮的到来，在短短半年多时间里，万通就积累下了超过千万元的资金。

但海南过热的经济形势让潘石屹感到不安，1992 年 8 月，预感到海南房产泡沫终会破裂的潘石屹撤离海南，选择去北京创业。

来北京之后，潘石屹到处寻找进入房地产市场的机会，一次，在一个县政府食堂吃饭的潘石屹，无意中听旁边的人讲，北京市给了这个县几个定向募集资金的股份制公司指标，但没人愿意做。

潘石屹抓住了这个机会，他找到这个县的负责人，跟他们商谈合作事宜，很快，北京万通实业股份有限公司成立了，

艰难的创业初期刚过，万通就赚到了数亿元的利润，潘石屹开始在北京

的房地产市场上崭露头角。

1995 年，潘石屹认识了后来成为自己妻子的张欣，仅仅几个月后，潘石屹就和张欣结婚，并联手创办了 SOHO 中国有限公司。

SOHO 中国开启了家居办公这一新潮的工作方式，为单调乏味的工作注入了新的活力。在中国建筑时代的大环境下，SOHO 中国精准地把握契机，坚持独特创新的建筑理念，建造具有中国当代风格的建筑。

SOHO 中国的项目包括在北京 CBD 的第一个大型综合项目——50 万平方米的 SOHO 现代城；位于海南省、拥有 115 栋别墅的博鳌蓝色海岸；由 12 位亚洲建筑师设计的长城脚下的公社以及位于北京 CBD 核心区域，70 万平方米的建外 SOHO。

2007 年 10 月 8 日，SOHO 中国在香港联交所成功上市，潘石屹带领 SOHO 中国进入了全新的发展阶段。

这个从西北农村走出来的穷小子，在经过了艰苦的打拼之后，终于迎来了人生的春天。

二、土地上炒来的第一桶金

潘石屹小时候，生活非常拮据，他的父亲被打成"右派"，母亲常年卧病在床，生活条件非常差。

1977 年秋，潘石屹的父亲平反了，一家人由农村户口变成城镇户口，全家搬往清水县城。从农村搬到县城，生活环境的变化给幼小的潘石屹带来了希望。

不久，潘石屹转学到县城读高中，虽然生活依然非常艰苦，但他觉得生活一下子有了奔头，自己能够把握自己的命运。

一年后，潘石屹到兰州一所中专学校读书，埋头苦读两年后，他从全年级 600 个学生中脱颖而出，以第二名的成绩考入了中国石油管道学院。3 年大专毕业之后，他被分配到廊坊石油部管道局经济改革研究室。

在那里，他聪明好学、精明能干，很受领导器重，很多人都以为潘石屹可能就在这个办公室呆一辈子了。

这期间发生的一件事让潘石屹"清醒"了过来，并开始重新规划自己的人生。

当时，办公室新分配来一位女大学生，这位女同事对分配给自己的桌椅十分挑剔。当潘石屹劝她凑合着用时，对方非常认真地说："你知道吗，这套桌椅可能要陪我一辈子的。"

说者无意，听者有心，就是这不经意的一句话深深地触动了潘石屹，他想：难道自己这一生也将与这套桌椅共同度过吗？

正在思变的时候，他遇到了远在深圳创业的一位老师，老师告诉他现在深圳刚刚开放有很多机会，也能赚到很多钱。

潘石屹问老师："要那么多钱干什么？"

老师不知道该怎样回答，就给他举了一个例子："比如说你身上的衬衫，如果你有钱，就可以买两件，这样一件穿脏了就可以换另外一件。"

从小过怕了穷日子的潘石屹，第一次听到有人这样跟自己解释财富的意义，他坐不住了，于是，1987年，潘石屹变卖了自己所有的家当，毅然辞职南下。

现实中的深圳并不像想像中的那么美好，潘石屹为三餐而奔波，不久进了一家咨询公司。在这家公司，他就像一个跑腿的，什么能挣钱就干什么，四处奔波。

由于语言不通，饮食不适应，深圳的生活始终让潘石屹感到非常压抑，他想摆脱这种压抑的生活，做自己喜欢的事。

1989年，公司要到刚刚建省的海南设立分号，潘石屹觉得，不能错过这个大好的机会，他主动要求南下海南，由此开始了在海南的闯荡。

1988年，海南建省，海南岛成为中国最大的经济特区。在初次尝到了深圳、厦门等地改革开放带来的"甜头"之后，大批"闯海人"云集这座南国宝岛。潘石屹看到一派热火朝天景象的海南，精神大振。

当时，潘石屹和公司的老板一起来到海南岛，老板承包了一个砖厂，让他当厂长，负责三百民工的生产生活问题。

1990年春节前后，海南岛刮了一次特大的台风，经济一片萧条。砖没人要，大家的生活也都相当困顿，甚至长时间挨饿。

但由于砖厂效益不好，半年后砖厂停产了，潘石屹无奈地离开了这家公司。

此时，全国经济进入了漫长的萧条期，随着经济不景气的无限期延续，闯海南的许多人纷纷回到了老家，潘石屹却一直坚持着，他相信海南经济肯定会有复苏的一天。

果然，在邓小平南巡讲话以后，海南逐渐恢复了活力。特别是房地产作为邓小平南巡的第一个产业在海南发展起来了，此时，潘石屹认识了冯仑和王功权等人。

1990 年，潘石屹同冯仑、王功权、易小迪、张民耕等人在海南岛成立了海南农业高科技联合开发总公司，简称"农高投"。

当时，海南的房地产正处在畸形扩张时期，本来是房地产副产品的"炒房炒地"也因为其时间短见效快而迅速占据了主导地位。

买房人和卖房人大多都是机会投资者，也就是当时人们常说的"炒家"。"炒家"玩的是一种"击鼓传花"的游戏，商品到投资者手里传出去了就是赢家，运气不好就砸手里了。

"农高投"也看中了这个机会，开始炒房。经过一番斗智斗勇的较量，他们 6 个人总共赚了一百多万，潘石屹分到了 17 多万元，这也是他人生中的第一桶金。

潘石屹拿着炒来的第一桶金，兴奋得有点不知所措，甚至还不敢相信这些钱是真的。他拿着手中的支票，去银行取了一点钱，为了验证这卡里的钱是真的，他还特意去小摊买了一份《海口日报》和一个面包。

结果，卖面包的人把钱收了，潘石屹才放心了。

就在他们攥着第一笔"巨款"，准备再大干一场的时候，潘石屹在海口房地局看到了两个对比数字：北京市人均住房面积只有 7 平米，海口市人均住房报建面积却已经达到了 50 平米！

在潘石屹看来，这个数字只能说明一个问题：海南省的房地产行业出现了泡沫，快出事了。

潘石屹吓出了一身冷汗，公司的几个人凑在一起商量该如何分散风险。

最后，他们一致决定离开海南，不能让自己的第一桶金就砸在这里了。对于去哪儿发展，几个人都没有确定的主意，潘石屹自愿请缨，准备去北京寻求进一步发展的机会。

在北京考察期间，潘石屹看到了这里的房地产市场巨大的潜力，于是，在海南房地产泡沫破裂之前，潘石屹等人抽身而退，挥师北上。

潘石屹紧抓住从房地产炒来的第一桶金轻易不放，也正是他的这种谨慎的作风，让他收获了更多的财富。

三、潘石屹的生意经

从穷小子一跃成为亿万富翁，潘石屹的故事听起来像一个"美国梦"，实际上，这只是中国经济发展过程中一个实实在在的"国产神话"。他的成功得益于时代赋予的机会，但也和他的聪明才智息息相关。

潘石屹称自己是一个"纯粹的生意人"，这个总是面带笑容，一副嘻嘻哈哈样子的生意人，也有着自己简单但英明的生意经。

潘石屹认为，做生意要把握好两点：恰当定位和看准时机。

1. 恰当定位

潘石屹说，做生意不要选择竞争激烈的领域，也不要选择市场容量过小的领域。怎样平衡两者的关系呢？对此，潘石屹有着自己的观点。

首先，要避开竞争激烈的领域。潘石屹刚开始开发现代城的时候也是做住宅，当时也领风气之先。当发现后面有了很多模仿者，特别是政府开始大规模兴建保障性住房之后，他马上转战商业和写字楼，从而开辟了另一个全新的、利润更加丰厚的市场。

避开竞争激烈的领域，把精力放在别人还没有开始关注的领域，成功的几率才会更大。

其次，要选择容量大的领域去发展。潘石屹之所以看好大城市，看重的其实是大城市的"四个GDP"：城市的GDP增长额、GDP总量、人均GDP、第三产业占GDP的比重。

从这四个指标来看，北京和上海遥遥领先于国内其他城市，因此，潘石屹将SOHO中国未来的重点目标仍然定在北京、上海两地。

在一个容量大的领域里，公司能够更快地收回投资，也更容易找到目标客户。对于资金需求大、目标客户定位较高的房地产企业来说，大城市是一个非常好的选择。

2. 看准时机

潘石屹还认为，看准时机非常重要。SOHO中国上市时，正是股市一片大好的时候，股票顺利地发了出去，还拿到了一个很好的价格，结果轻松把握了150亿人民币的资金。

而随着宏观经济形势继续走弱，很多房地产企业都走入了困境，SOHO中国则趁此机会大举收购，先后低价拿下了三个大项目。

看准时机，需要公司决策者能够敏锐地觉察到市场形势的变化，并果断地做出决策。

"超级男声"王石：
倒卖玉米倒出第一桶金

在他的创业史中，"逆流而行"的风格一直伴随着他，从永不行贿到赞成宏观调控；从放弃个人股份到提出"高于25％利润不做"……他通过一个个的故事向人们证明："反常"背后其实是更高、更远的判断。

他不是那种为积累财富而拼命赚钱的企业家，在登上事业的顶峰时，他离开了自己亲手缔造的企业帝国掌门人的座位，背上行囊，飘然远行。

为摩托罗拉做广告，登顶世界最高峰……他以各种各样的形象和身份出现在大众的视野中；他出口成章，说话滴水不漏，被媒体称为"超级男声"。

他就是王石——深圳万科企业股份有限公司董事会主席。

一、王石的财富之路

1951年1月，王石出生在广西柳州，17岁初中毕业后，王石没有去农村插队，而是依照父母的意愿去参军。在新疆做了5年的汽车兵后，王石到郑州铁路局的水电段做锅炉大修车间的工人。

当时，铁路局拿到2个推荐上大学的名额，车间的老师傅们都非常喜欢吃苦耐劳的王石，就一致推荐他去兰州铁道学院进修。

1974年，23岁的王石进入兰州铁道学院给排水专业学习，1977年毕业后，他被分配到广州铁路局工程段工作。

1980年，王石通过招聘考试进入了广东省外经委，负责招商引资工作，但平淡无味的生活让年轻的王石备感压抑。

1983年春天，一对农民夫妇来广州探望王石的岳父，这对从前有点土气的农民夫妇带来的不只是他们家的土特产，还带来了他们身上洋溢的"洋气"：男人穿着台湾产的浅灰色夹克，女人烫了个大卷发。

王石有点惊讶，他想，深圳到底发生了什么，那里现在是什么样子？王石萌发了去深圳的想法。

当时，正值改革开放初期，下海经商开始成为社会的"时尚"。不甘心过平淡日子的王石也开始蠢蠢欲动。1987年5月，王石辞职南下，坐上了开往深圳的列车。

刚来深圳时，王石抓住机会，凭借倒卖玉米赚到的300万开办了深圳现代科教仪器展销中心。

利用特区在进口方面的优惠政策，公司"倒卖"起当时非常走俏的录像机，公司规模和利润因此急剧膨胀。1988年，公司的净资产已经达到1300多万元。

1988年，王石将企业更名为"万科"，但当时，他正忙着对"万科"进行股份化改造，忙着倒腾家电、忙着生产录像机配件，根本没想到要进军房地产业。

1988年11月，万科以楼面地价高于周边住宅的"地王价"拍到了威登别墅地块。这次的"猛打猛杀"让万科杀入了房地产市场。

1989年初，万科完成了企业发展历史上的重要一步，公司完成了股份制改造，成功募集到了2800万元资金。

1991年1月29日，万科正式在深圳交易所挂牌上市，由此拉开了万科万亿市值的伟大征程。

值得一提的是，在众多地产大腕的众多公司中，万科是最早完成股份化改造、完成上市的。在当时政策并不明朗的大环境下，能做到这一点的确需要前瞻性的眼光。而正是因为万科在早期完成了上市，才保证了在以后发展过程中，能有一条宝贵的资金渠道，确保企业能得到充足的资金支持。

万科在介入房地产领域之后，于1992年正式确定大众住宅开发作为公司的核心业务。

现在，万科的业务已经扩展到16个大中城市，凭借一贯的创新精神及专业开发优势，万科在社会上树立了良好的住宅品牌形象，并获得了丰厚的投资回报。

二、第一桶金来自倒卖玉米

王石的"第一桶金"来之不易，当时还差点破产。

1983年5月7日，王石坐火车抵达深圳。当他看到酷似一个巨大的建设工地的深圳时，兴奋、狂喜、恐惧的感觉一股脑涌了上来，他强烈地意识

到，这块尘土飞扬的土地孕育着巨大的机会。

于是，王石决定在深圳闯一闯，但是，自己能做什么呢？

一天，王石在去蛇口的路上，看见高高耸立着几个白铁皮金属罐，里面储藏着玉米，原来，美国一家谷物公司与深圳一家养鸡公司合资的饲料生产企业需要大量的玉米。

"广东不产玉米啊。"王石想。经过打听，王石才知道，玉米来自美国、泰国和中国东北。其中来自东北的玉米却不是直接从东北运来的，因为解决不了运输问题。

王石在这里看到了机会，他找到这家饲料生产企业，说他能解决运输问题，可以运来玉米。

企业的负责人正为这件事发愁呢，听到王石能运来玉米就立即答应，"只要你能运来玉米，一切问题都好办！"

就这样，王石在对东北和深圳的运输情况一无所知的情况下，就与这家公司签了一笔大订单。

王石开始找门路，经过几天的询问，王石找到广州海运局，希望海运局能开通一条海上专线，把东北的玉米运到深圳。

海运局的负责人告诉他，只要有货源，海运航线随时可以开通。

王石兴奋不已，就这样，他开始了倒卖玉米的生意。才做了三四个月，王石就赚了40万元。

好景不长，1983年8月，香港媒体报道称，鸡饲料中发现了致癌物质。一夜间，香港人不再吃鸡肉，改吃肉鸽，几天前还畅销的玉米转眼成了滞销货。

大量的玉米卖不出去，王石只得以很低的价格卖给鱼塘的老板，这一下，王石赔了110万，白手起家赚的40万搭进去，还欠了70万的债。

面对突如其来的失败，王石万分沮丧，他足足睡了24小时，一觉醒来之后，他起来打点行装去了大连。

找到大连粮油进出口公司，王石将所有1.5万吨玉米全收了，然后又转战天津和青岛，收了3万多吨玉米。

王石狠下心来做了这场豪赌，他不相信香港人今后永远不吃鸡。如果玉米运到深圳，香港人还没重新开始吃鸡，就会造成更大量的玉米积压；如果玉米到了深圳100天后，香港人仍然固执地"以鸽代鸡"，那他只有彻底认输。

还差两天，装载几万吨的玉米的货轮就要停靠蛇口赤湾码头了，这时，香港报纸刊登了一条消息：之前的报道有误，饲料中不存在致癌物质。

这消息让王石激动万分，王石收来的玉米成了市场上的稀缺商品，两家大饲料厂也开始向他订货，这一单生意下来，王石赚了300多万！

拿着靠倒卖玉米赚来的第一桶金，王石开始了他精彩的创业之路。

三、万科的核心价值观

作为万科的创始人，王石本人的价值理念和做事风格在企业价值观的内部传播上起到了关键的作用，王石为万科制定了一系列的规章制度，员工的工作牌后面有个小卡片，上面印着万科的核心价值观：

- 客户是我们永远的伙伴；
- 人才是万科的资本；
- 阳光照亮的体制；
- 持续增长。

在万科成立之初，王石就按照这个思路要求企业。到今天，这些观点已经深入人心，万科的成功，也得益于企业核心价值观有效的内部传播。

走在万科的园区内，哪怕是遇见一个普通的清洁工，他们都会微笑着和别人打招呼。更令人惊讶的是，哪怕是园区的清洁工人，对客户提出的问题，如户型面积、价格、布局甚至是装修材料，或者整个园区的情况，他们都能回答得头头是道。

万科楼盘的园区，经常会看到写着类似句子的牌子："本地面所用材料由万科特别制作，您可能会有不适应的地方，敬请留意。"

而在万科给客户的资料里，也能看到这样的话："对不起，我们要坦率地告诉你，在万科城市高尔夫花园，可能有这样那样的客观不利因素，请你要特别地注意，仔细地考虑。"

这种软力量使得万科如鹤立鸡群般地站到了房地产企业难以企及的高度，很多房地产企业都曾扬言要超过万科，但最后都发现其实事情远没有想像的那么简单。

文化的积累、品牌的构建并不是短时间内就能建立起来的，万科成功的关键在于：核心价值观的导向作用。万科的核心价值观指导着每一位员工的行为，并使员工产生了强大的凝聚力。

万通之神冯仑：
"忽悠"来的 500 万

他称自己有着士大夫的精神享受；他喜欢坐小车，看小报，听小曲；他崇尚学先进，"傍大款"，走正道。

有人称他是中国地产界"教父"式的人物，他用自己的所思所想，管理着自己的团队，感染着整个房地产业。

他就是万通董事局主席冯仑——一个信奉庄子、满腹才华、一口"段子"的集团董事长。

在中国的房地产界，冯仑是个传奇式的人物，经过十年的商场搏杀，他由一个学者转变为身价过亿的集团老总。从他身上，我们不仅看到了一个投资者的大气和魄力，也看到了一代民营企业家的奋斗历程。

一、海南岛上的记忆

冯仑，1959 年出生于陕西西安，毕业于西北大学，获经济学学士学位，曾在中央党校、中宣部、武汉市经委和海南省委任职。

20 岁的时候，冯仑在西北大学加入了中国共产党。23 岁时，冯仑来到了北京，在中央党校读经济学研究生。

1984 年，冯仑从中央党校毕业后留校任教，后来，他主动要求到武汉挂职下放锻炼，一年后返京。

从 1988 年海南建省起，中央给予了海南很多的优惠政策，这给海南带去了非常多的发展机遇，大量资金涌进海南，这个昔日的荒岛甚至出现了"十万大军下海南"的盛况。

1988 年，冯仑还在北京任职，他抓住去外省挂职的机会，带着两三个人去了海南。

1989 年，冯仑回到了北京，令他没有想到的是他的单位解散了，他失业了。

好几个月过去了，冯仑的工作始终没有着落，需要养家糊口的他此时想起了在海南认识的一个朋友，于是，他找到这位朋友，去了当时非常有名的民营企业家牟其中的公司。

两年里，冯仑的才华得以充分的展现，他的能力也越来越强，但在一个私人企业里，他明显地感觉自己的发展受到了制约。于是，1991年，冯仑离开了牟其中的公司。

机缘巧合，冯仑在海南遇到了后来的合作伙伴们，并由此走上了自办公司的道路。

从1991年到1992年，冯仑等6个人在海口、三亚马不停蹄地炒了4单楼盘，销售额达到了七八千万，并赚到了几千万的利润。

正当他们准备在海南大展身手的时候，"万通六君子"之一的潘石屹嗅到了海南房地产泡沫即将破裂的危险。于是，万通将发展重点转向了北京。

1992年底，冯仑和王功权到北京进行了详细的考察之后，决定移师北京，并让潘石屹到北京打先锋。

潘石屹在北京盖起了万通的标志性建筑——万通新世界广场，这个项目让万通开始在北京的房地产业崭露头角。

但就在万通迅速发展，总资产达到70亿元时，公司经历了一次剧变，"万通六君子"因为在经营理念等方面的分歧，最终分崩离析，"万通六君子"中的五人都自立门户，只有冯仑一直留在万通集团，并开始了他称之为"四化"的革命。

1997年，万通完成了股份制改造，成为了一家股份制公司。

1999年，冯仑又和王石等人开发了另一张网——中城房网。网站建立之初，冯仑对中城房网寄予了厚望，以为一网不捞鱼、二网总能捞上些虾米来。

但不久，中城房网就让冯仑失望了，万通就像网络经济的早起者，却赶了个晚集，眼巴巴地看着钱都装进了别人的口袋。

2000年4月，像所有民营企业的决策者一样，冯仑成立了一个"创新业务小组"，在北京一个山区，闭门两个月，用信息社会的思考模式和技术手段改造传统房地产业务的商业模式和组织架构。

两个月后，冯仑宣布：要做房地产业的戴尔，在网上攒房。冯仑把自己定位为网上房屋集成商，万通将通过网络，实现全球采购，为客户定制个性化的独立住宅，为此，他在网上给未来的客户筑了一个巢，希望以此引来无

数的"金凤凰"。

在这场被业界称为"知识分子的美好想像"的革命中，冯仑终于达到了他的目的：确有不少"地主"找上门来，要万通去做房地产开发。从此，万通慢慢从困境中走了出来。

冯仑对网络前景的信心不容置疑，通过网络实现与资本亲密接触的计划还要托付给遥远的未来。他兜了个大圈子，最终还是回到了房地产开发的事业中。

迄今为止，冯仑已引领万通集团的投资深入至地产、风险创业等领域，使不足千人的万通集团在几年内总资产达到了30亿元人民币，并在公司运作与理论创新、中国企业购并、价值评估、资本经营、策略联盟、跨文化沟通等方面取得了令人瞩目的成就。

二、"忽悠"来的第一桶金

有人说，冯仑的第一桶金是靠"忽悠"来的，但会"忽悠"的人很多，胜利者却只属于能抓住机会的人，在运气之外，前瞻的眼光和果断的判断也是冯仑成功的关键。

1991年，冯仑离开了牟其中的公司后，在刚刚成为经济特区的海南岛，他遇到了后来和自己被外界合称为"万通六君子"的王功权、王启富、刘军、易小迪、潘石屹，六个人一拍即合，成立了万通公司的前身——海南农业高技术投资联合开发总公司，公司做的是"农业开发"的买卖，而当时，所谓的"农业开发"不过是地产开发的代名词。

公司成立之初，冯仑手里只有3万元，他找到一家信托投资公司的老总，大谈海南房地产的机会以及自己的为人和出身，希望取得对方的信赖。

在冯仑的"忽悠"下，对方开始对万通公司有了兴趣。趁热打铁，冯仑又开始讲自己也刚刚闹明白的新名词"按揭"，他告诉对方这是一种全新做房地产的形式，用很少的钱就可以做很大的项目。

对方听得似懂非懂，并没有对此动心，为了获得投资，冯仑使出了浑身解数，最后，冯仑盯着对方的眼睛说，"这一单，我出1300万，你出500万，我们一起做，你干不干？"

对方犹豫了片刻，点头同意了。

冯仑欣喜万分，他立即骑着自行车跑回去写文件。在最短时间内将手续做完后，冯仑让王功权负责将钱在最短的时间内拿回来。

王功权是谈判高手，他在最短的时间拿到了 500 万元。冯仑拿着这 500 万元，又立即从银行贷了 1300 万元，接着就用这 1800 万元购买了 8 栋别墅，重新包装之后卖了出去。

就凭这一仗，万通赚到了 300 多万元。

就这样，在冯仑的"忽悠"下，"万通六君子"在海南的土地上刨出了第一桶金。

多年后，冯仑总结到："做大生意必须先有钱，但第一次做大生意谁都没有钱。在这个时候，自己可以知道自己没钱，但不能让别人知道。当大家都以为你有钱的时候，都愿意和你合作做生意，到最后你就真的有钱了。"

三、地产思想家的赚钱功夫

人们称冯仑为中国地产界的思想家，这除了因为他从事过高层政策理论的研究，有一手绝妙的"口技"之外，也与他丰富的人生经历有关。冯仑跟从过牟其中——上世纪 80 年代最显赫的商人，参与过当年的海南淘金潮，躲过了海南地产泡沫的打击。也许就是因为经历了风风雨雨的历练，冯仑才显得如此睿智、幽默、从容不迫。

冯仑的创富之路曲折艰险，他对赚钱这件事有着自己独特的理解，他认为，赚钱要靠钱以外的四种功夫。

1. 放低姿态

冯仑发现，凡是生意做得不错的人，都善于把自己的姿态放得很低。

刚开始做生意的时候，一个人的姿态很重要，要谦恭、谦虚、谦卑。按冯仑的话来说，就是"挣钱要像孙子，花钱要像大爷"。

2. 坚持自己的价值观

所谓价值观，就是在你心里跟你的合作伙伴、同事、朋友建立金钱关系的时候，你需要拿一个尺度来衡量、来决策，而这个东西会引导你朝不同的方向去走。

坚持自己的价值观，不被别人的观念左右，才能沿着既定的方向走下去。

3. 要有毅力和耐心

时间可以考验一个人的价值观和做人的姿态，中国历史传统中，不提倡把事情往"快"里办，而是教人们把事往"慢"里办。通过慢能够把事做

好，所以叫"事缓则圆，以缓找到方法，以圆作为皈依"。

对于赚钱这件事，毅力和耐心是非常重要的，急于求成的结果只能是"捡了芝麻，丢了西瓜"。

4. 正确判断未来

一个企业进入正常发展轨道时，要看那些看不见的东西，包括风险、机会，很多未知的发展趋势。所以，管理者要有一个方法去看趋势、模式、危险、机会，这些东西属于钱以外的东西，需要长期去积累、研究和学习。

李慧敏：
从选美皇后到地产精英的华丽蜕变

她是新加坡的选美冠军，是房地产界的精英，是国浩中国的执行总裁。

她绝对是新加坡小姐中经历最为传奇的一个，从选美皇后到女强人，她跳出了选美皇后一贯的"美丽路线"，向世人证明，"美丽"是她骄傲的资本，但不是赖以生存的饭碗。

她就是李慧敏，一个和钢筋水泥打交道的选美皇后。

一、美女携手国浩，共创财富传奇

1984 年的新加坡，社会风气依然比较保守，在银行信贷部工作的李慧敏，背着父母，取得了新加坡小姐的参赛资格。

只想玩玩的她，没想到竟然很顺利地赢得了冠军，成为第一位拥有本科学历的新加坡小姐。

李慧敏觉得，这就是一场好玩的游戏，就是去玩，如果没有选上也不会上报纸了，当然家里人也不会知道了。

没想到第二天报纸上登出了李慧敏获得选美冠军的消息，她的爸爸拿着报纸指着照片质问："是不是你？是不是你？"

李慧敏非常兴奋，她好像又回到了镁光灯频闪的 T 台前，但兴奋只保持了几分钟，第二天醒来，她还是一如往常的做自己的事情。

这位新加坡的选美皇后并没有安心于美丽事业，在做了 10 年的生意人后，2000 年受新加坡国浩集团之邀，她坐上了国浩集团（中国）执行总裁的宝座。

从 20 世纪 80 年代进入了中国房地产业开始，国浩集团先后在北京、上海和南京开发了很多令人瞩目的项目。而李慧敏的加入，无疑为国浩的发展注入了活力。

李慧敏参与设计规划的上海"淮海晶华"项目成为了当地的地标性建筑，地处北京金融街黄金位置的"国际企业大厦"是国浩在北京开发的写字楼项目，而北京西二环的"西城晶华"公寓项目也惊艳四座，这些都见证了这位新加坡选美皇后超强的实力。

2007年11月，李慧敏领导下的国浩中国以58亿人民币击败其他竞争对手，成功收购了包括交通枢纽在内的北京东直门"东华广场"90％权益，国浩的名字一夕之间成为京城各房地产报道的焦点。

同时，这位选美皇后创下的财富传奇也为世人所津津乐道。

二、进入地产界，开启人生第一桶金

虽然李慧敏曾获得过选美冠军，但她并没有和其他新加坡小姐一样，进入演艺圈或者嫁入豪门，年轻的李慧敏不甘心世俗对美丽女人的定位，所以，她选择了一条自己想走的路——要拥有自己的事业，而不是只靠美貌活着。

上世纪90年代初，服务于新加坡某金融机构的李慧敏被派到中国韶关。之后的很多年，李慧敏辗转于中国的很多城市，福州、天津、广州、上海等地都留下了她的足迹。

十年间，李慧敏经历了多次创业，她办过塑料袋工厂，当过养鸡场的"鸡司令"，管理过酒店，做过楼盘推广，但却一直没有找到能真正释放自己激情的事情。

2000年，一次偶然的机会，她的人生轨迹彻底改变了。在一次回新加坡的飞机上，她遇到了新加坡国浩集团的总裁。此时，国浩地产进入中国已经10年了，最初，国浩在北京有开发项目，而上海一直是集团要打入的一个重要城市。

一番深入的交谈之后，李慧敏又回到了上海，她答应了国浩总裁的邀请，要为国浩集团开拓中国市场。

同大多数跨国公司一样，国浩集团在中国也经历了从认识到了解，再到深入的过程。不过，国浩保守求实的战略计划，使得国浩地产这一品牌在中国略显低调。

在熟悉了中国的市场，国浩集团开始行动时，1997年的亚洲金融风暴席卷而来，公司不得不停止投资。

金融危机之后，国家采取了新一轮的宏观调控，政策的变化让市场焕发了生机，李慧敏看到了机会。

李慧敏在南京找到了突破点，2005 年 7 月，国浩地产与南京福中信息产业集团有限公司联合竞标，以 6.5 亿元的底价拿下南京顾家营地块，李慧敏计划投入 16 亿元打造"新加坡花园"。

在这块当年南京最贵的土地收入囊中之后，李慧敏制定了国浩集团进军二线城市的计划。

就这样，这位新加坡的选美皇后登上了中国房地产业的大舞台，在地产界获得了人生的第一桶金。

三、尊重的艺术

李慧敏是一个很注重生活品质的女人，她把每个项目都当成一件艺术品来用心经营。能取得这样令人瞩目的成就，主要是李慧敏过人的才华和胆识，对身边的人，对生活，对项目，甚至是对地块的尊重，这就是李慧敏和她的"国浩中国"一路高歌的原因。

1. 尊重员工——性情中人的管理艺术

李慧敏认为，只有用对待家的方式去对待公司，用对待家人的方式去关心每一个员工，员工才会把公司当成自己的家，而不是每天 8 小时后急着逃离的地方。员工对公司有归属感，整个团队才会有凝聚力和战斗力。

在公司管理上，李慧敏采取的是制度之上的人性化管理模式，她希望用尊重赢得员工的尊重。

2. 尊重生活——铭记被大众认可的一刻

通过打拼，李慧敏获得了很多的荣誉，在所有的荣誉中，李慧敏最看重的是上海市政府颁发给优秀外籍人士的白玉兰奖，这个奖不是新加坡选美小姐的冠军头衔所能比拟的。

她觉得，当选新加坡选美小姐的冠军，更多的是代表她天生的美貌，而白玉兰奖的殊荣，是对她成绩的肯定。

为一座城市的发展做出自己的贡献，得到这个城市的认可，说明她的价值观和她的作品，真正被这座城市所接受了。铭记被大众认可的一刻，让李慧敏懂得了尊重生活。

3. 尊重项目——做最时尚、有活力的作品

在上海，李慧敏做第一个项目是"淮海晶华"，李慧敏把永远年轻、乐

活的心态，带到了这个项目中。

当初做"淮海晶华"项目时，李慧敏就说过，要造品牌楼盘，要造样板，为此甚至可以牺牲掉6层楼来做景观，做空中花园、空中会所。

她把对项目的尊重，对个性的追求融入到建筑当中，希望自己年轻、时尚、乐观的心态能感染这里的每一个人。

4. 尊重地块——打造宜居城市

李慧敏认为，尊重地块、尊重需求，从以人为本的开发角度来说，能给予人精神上享受的城市才能算是成功的。

因此，李慧敏和她的团队聘请了新加坡设计师，把楼盘设计成一个花园式的空间，各种不同功能空间都能享受到良好的视野和生态化环境。

一座美好的城市需要人们共同努力，建造一个能和城市的风格、环境相得益彰的建筑，为城市增光添彩，是李慧敏最大的心愿。

一鸣惊人黄如论：
梦想开始于 1991 年

仿佛一夜间，黄如论成为了中国房地产业和酒店业、商界最耀眼的明星，他一贯的低调为他增添了神秘感，而连续数年的大手笔和在业内的重拳出击，又令世人惊叹，同业者更是望尘莫及。

从乡间小贩到地产大亨，再到慈善大家，他用行动传承着"穷则独善其身，达则兼济天下"的中华古训；他低调做人，大手行善，向世人再现了一代闽商的王者之风。

一、梦想始于 1991 年

黄如论出生于福建连江一个小渔村，小时候家境贫寒，为了养家，刚读到小学六年级的他就被迫辍学，丧失了继续念书的机会。

35 岁之前，黄如论一直在家乡做小买卖，1986 年，黄如论只身前往菲律宾淘金。

1991 年，黄如论以归侨身份回国，成立了金源房地产有限公司。

当时，国内的房地产业开始蓬勃发展，黄如论看准当时福州旧城改造，就动用全部资产与地方合作开发了写字楼——国泰大厦。

国泰大厦项目非常成功，接下来的 3 年，从写字楼到住宅楼，一个个项目动工兴建。至 90 年代末，黄如论已经成为福建有名的房地产商。

此时，黄如论已不满足在闽地一隅发展，他开始寻找又一次跳跃的落点。在考察了上海、广州、沈阳、北京等地后，黄如论决定把北京作为金源集团走出福建的首选福地。

1999 年 5 月，黄如论审时度势，北上京城。在世纪之交，黄如论投资 8 亿，用地 2.8 公顷，推出全新蝶形结构的亚运村"世纪嘉园"，且首开北京准现房发售之先河。

2000 年，世纪城一期开盘就以 13.3 亿元销售额创下北京销售套数、面积双第一；2001 年，世纪城以 26.5 亿元勇夺北京房地产年销售额冠军；2002 年，世纪城以 20 亿元销售额再度夺冠，且封盘售罄。北京房地产业也由此步入了准现房发售时代，并作为行业标准迅即推广至大江南北。

就在金源集团的房地产做得如火如荼的时候，黄如论敏感地意识到，到 2008 年，中国的房地产市场将趋于饱和。因此，黄如论果断决定：金源集团开始淡出房地产行业，将业务中心转移到大型酒店和购物中心等服务性行业中，以保证金源集团未来的可持续发展。

对于涉足酒店业的决策，公司内外的担心、忧虑曾不绝于耳。最终，黄如论一锤定音："别人能做到的，我一样能做到；别人能做好的，我一定能做得更好。"

事实证明，黄如论的判断是非常正确的，在淡出了即将饱和的房地产市场之后，金源集团在五星级酒店、购物中心等领域找到了发展的动力。

2001 年，福州金源国际大饭店摘取五星桂冠，接着，北京世纪金源大饭店、香山金源商旅酒店、重庆世纪金源时代大饭店、北京华侨大厦均以五星级水准在业界引起广泛关注。

目前，黄如论的商业地产王国已轮廓初现：在北京有世纪金源大饭店、华侨大厦酒店、香山金源商旅酒店、金源时代购物中心等；在福州有金源国际大饭店；在重庆有世纪金源时代大饭店、重庆购物广场大饭店；在昆明有昆明世纪城购物中心。

这个曾经漂泊他乡，忍冻挨饿的穷小子，在 1991 年，开始了自己的梦想之旅，并最终实现了人生的巨大飞跃。

二、旧城改造中掘得第一桶金

黄如论出生在福建连江的一个山村，曾经忍冻挨饿、露宿公园的他，当年对着满天星斗立下志愿：要通过奋斗改变自己和家人的生存处境。

15 岁开始，黄如论就开始尝试做各种小生意。一晃 20 年过去了，黄如论的辛苦和忙碌并没有给家人的生活带来根本性变化，1986 年，35 岁的黄如论只身去往菲律宾淘金。

初到菲律宾时，黄如论风餐露宿，不名一文，甚至因为没钱住旅馆而露宿公园。但是，在华人圈朋友的帮助下，黄如论逐渐适应了他乡的生活，并渐渐积累了创业的资金。

他克服了创业途中的艰难险阻，陆续开办了菲律宾友福投资、辉鸿实业有限公司，接着又在香港创办了远岸发展、至昌发展有限公司；继而以香港为中心，他将投资触角伸向新加坡、马来西亚、西班牙。

1991年3月，响应政府号召，黄如论以归侨身份，带着创业资金回到了家乡福建。

瞄准了福州旧城改造的契机，黄如论独资创办了福州金源房地产有限公司，致力于福州旧城改造和房地产开发。

创业之初，公司全部人马加上黄如论仅仅8人，人人身兼数职，办公地点也因陋就简，没有什么豪华的装潢布置。各种事物千头万绪，各式各样的障碍横生，黄如论以惊人的毅力克服重重困难，开始了艰难的创业历程。

当时的福州，虽然经济已经有所发展，但是全市还没有一座高档写字楼，黄如论在经过审慎的思索和调查之后，决定以此为契机，开发高档写字楼。1992年，他投入5000万元人民币，开工建设了高级写字楼——国泰大厦。

就在大厦工程进行到一半的时候，黄如论遇到了突如其来的政策压力，项目陷入困境。有人劝他赶快把大厦卖给国内的企业，以求尽快脱身，能挽回多少算多少。

但黄如论凭借对政策的信任和自己对市场的判断，不肯就此放弃，坚持把大厦封了顶。

1993年工程竣工的时候，恰逢福州的房地产高潮，开发建设的商品房最后销售一空，黄如论也由此净赚2000万，在中国大陆掘得了第一桶金。

三、要管理，先学好为人处事

黄如论能带领一个团队创造财富传奇，他的管理之道是怎样的？黄如论经常将为人处事的哲学应用在管理上，也许就是这种特殊的管理模式，才能让他成为一个成功的领导者。

1. 胸怀大志

人生追求三部曲：追求不贪心，奉献不亏心，随和不违心。一个人的追求是受环境和条件制约的，千万不要贪心，随遇而安又能够坚持理想，不张不扬，一步一步夯实自己的基础。

2. 做事要懂得方圆

"方"是壮志，"圆"是聪明。小到一件事情，大到一项事业，都一定要

有方圆意识。具备方圆，就能圆满，圆满就是成功，就是幸福。

3. 主次关系分清

只要抓住主要矛盾，纲举目张，一切问题就可以迎刃而解。不能眉毛胡子一把抓，否则，只会被事物牵着走，晕头转向却不见效率。

4. 诚信

黄如论曾说过："一个人要讲信誉，要做诚实的人。如果一个人不讲信誉那就不会获得成功。现在中国上下倡导品牌效应，我认为品牌两个字的含金量在于诚信，如果一个品牌没有信誉就不能称其为品牌。"

以诚相待，坦诚无私，才能共同培养出发挥自我、共同前进的空间，这是一项成功的事业、一个成功的企业、一个成功的家庭、一个成功人的根本所在。

5. 以礼为先

尊重是礼仪的根本，礼仪的直接目的是表示对他人的尊重，也表示对自己的尊重，知礼能让社会充满亲和力，使人们无论走到哪里，都能感受到笑意，感受到真诚，感受到生活的美好。

在企业管理中，知礼正是管理干部的立身之本、立业之本，是适应市场"万变"竞争的"不变"之术和"不变"之源。

6. 执行力

对于企业经营管理而言，企业发展的原动力来自于市场，但企业目标能否实现，则要取决于内部管理执行环节，其重要性也不言而喻。

作为一名管理干部，他的职责应该是追求"霸气、霸道"的气质。这种气质与生活中人们通常理解的"霸气、霸道"是不同的概念，这种"霸气、霸道"是褒义词，是作为一名管理干部所具备的高层次的气质、水平、技巧，是在紧急关头下所产生的一种凛然正气。

7. 创新

创新是房地产市场的最大动力，在市场竞争中，只有不断创新才能够生存。房地产项目开发的创新，要与城市的整体规划结合，要与自然环境和生活环境密切结合，更要与市场需求密切结合，不能靠凭空想像，去炒作虚无缥缈的概念，脱离市场需求和客观规律。

创新也不是盲目地请外国设计师来设计楼盘，你可以在策划之初，就着手进行深入的市场调查和多维度、前瞻性分析，在此基础上进行创新，再导入一些新鲜理念，就可以从根本上改变原有的居住理念和生活模式，提升了人们的生活品质，将商业地产与住宅地产有机结合起来，开创综合型房地产开发的模式。

　　所以，创新是产品和市场走向成熟的标志，是行业发展的必然趋势。

世茂掌舵人许荣茂：
曾 在 香 港 炒 股 票

他是世茂集团的董事局主席，掌管着市值逾百亿的房地产王国和多个高端地产项目；他是一位眼界开阔、勇于创新的实业家，是一位"缔造生活品味、成就城市梦想"的杰出人士。

从1993年投资开发福建武夷山旅游度假区到承建北京亚运花园、华澳中心……一座座气势恢宏的"中国豪宅"相继竖立，"许荣茂"这个原本不引人注目的名字，开始进入人们的视野。

许荣茂为人低调，他从不对外界宣扬自己的成就，但是没有人否认世茂集团的成功。正是这位理智而儒雅的企业家，成就了今天的世茂集团。

一、许荣茂的财富路线

曾出身医学世家的许荣茂，并没有终身从事医学有关的行业，而是在1989年，将事业的重点转向了房地产。1989年，许荣茂出巨资在家乡福建进行了一系列项目开发。

1993年，在刚刚获得"世界自然和文化遗产"之称的福建武夷山，许荣茂以投标方式购得500亩土地，以2亿元资金投资开发旅游度假区。

度假区项目获得了空前的成功，许荣茂刚刚试水房地产业，就赚了个盆满钵满。

就在中国的房地产市场呈现一片繁荣景象的时候，许荣茂却敏感地意识到，房地产繁荣表面的背后，也隐藏着巨大的泡沫。于是，他携全家到了澳大利亚，开始在澳大利亚开发房地产项目。

事实证明，许荣茂的决定是正确的，转战澳洲开发房地产的决定使他避开了第一轮房地产风暴。

许荣茂投入大量资金在悉尼和达尔文市搞房地产，这一次他又成功了。

由于在澳洲华人社会的影响力和对当地社会的突出贡献，他被授予了"太平绅士"的荣誉称号。

1995 年是北京房地产市场陷入低迷的一年，许荣茂却审时度势，大举进入了北京房地产市场。

当时，北京的众多房地产商正愁眉不展，面对衰势不知如何是好，而许荣茂一出手就不同凡响，他拿到了许多人梦寐以求的亚运村附近 10 万平方米的地块，开发当时"钱"景乐观的亚运花园。

1997 年，再次引起北京地产界震动的"华澳中心"开盘，20 万平方米的项目在当时可谓大冒风险，但楼盘的优良品质也着实让北京人开了眼界。

房地产的寒冬何时结束似乎还遥遥无期，但许荣茂的投资依然没有刹车的迹象。紧接着，16 万平方米的紫竹花园、20 万平方米的御景园相继上马，几个项目的累计投资额超过了 40 亿元。

此时的许荣茂，已经逐渐形成了一套成熟的投资理念，他在北京做的全是高档外销公寓，依当时计算，许荣茂几乎占据了北京三分之一以上的高档住宅市场。

面对在北京的成功，许荣茂并没有止步不前，1999 年，许荣茂舍弃北京，出人意料地转战上海。

在上海，世茂集团开发的上海滨江花园真正让他名扬全国，这个项目充分展现了他的气魄和眼光。

现在，上海业内说起"高档住宅"必称"世茂滨江"，6 幢超高层高档公寓和 1 幢 60 层的酒店式、70％绿化率的公寓充分展示了许荣茂的投资理念，这也是目前上海市最豪华的楼盘。

当陆家嘴旁边的这个称为"世茂滨江花园"的楼盘预售引来争相排队的火暴场面出现时，人们才彻底看清，世茂的确是一只潜入上海滩的"地产大鳄"，作为这个高档楼盘的幕后操作者，许荣茂独到的眼光成为业界议论的焦点。

许荣茂做事非常低调，大多数人真正开始注意他是在 2000 年。这年 8 月，因恒源祥而闻名沪上的上海万象集团突然宣布正式变更第一大股东，一直"神龙见首不见尾"的许荣茂才浮出水面。

2001 年 4 月，万象集团更名为"世茂股份"，以恒源祥闻名沪上的老牌商业股从此变更为世茂股份，并将过去的主业由商业转型为房地产业。

从去香港闯荡，到回福建故乡投资，再到深入北京地产市场淘金，转战上海大展拳脚，一路走来，许荣茂完成了由"打工仔"向"亿万富豪"的蜕变。

二、香港股市里淘来第一桶金

1950年，许荣茂出生在福建石狮的一个医学世家，父母都是医学领域的专家，在这种家庭氛围的熏陶下，许荣茂自然而然地选择了中医。

20世纪70年代，许荣茂到香港寻求发展，但他当时只会讲闽南话和普通话，由于语言方面的障碍，病人说什么他都听不清楚。他只在药店里呆了几天，就跑到工厂去了。

这期间，许荣茂和许多打工的人一样，什么行业都做过，但他并没有在这些一般性的行业里找到属于自己的"金矿"，他仍然只是一个平凡的寻梦人，神话般的成功并没有发生在他的身上。

70年代香港证券市场迅速发展，证券交易所挤满了家庭主妇、保姆和小贩，每周都有新上市的股票，炒股成了香港街头巷尾议论纷纷的话题，不管是行家还是门外汉，人们都想在证券市场大赚一笔。

一个偶然的机会，他当上了证券经纪人。这时许荣茂发现自己在证券投资方面有着敏锐的判断能力和过人的投资天赋。于是，他认定这一行业将是自己施展才华的天地。

在这个以前从未接触过的领域，许荣茂的才华得到了充分的展现，几年的"买入卖出"使他获得了奠定后来事业基础的第一桶金。

由于人们忽略了证券交易的基本法则，盲目的炒作加上受政治、经济局势的影响，香港的证券市场跌宕起伏，恒生指数在暴跌和暴涨之间急剧变化，很多人昨天刚成为百万富翁，一夜之间可能就成了穷光蛋。

看惯了股市里的跌宕起伏，许荣茂带着在股市里赚来的第一桶金，将事业的重点转向了发展实业。正是这个转折，让他成就了财富神话，他从香港股市里淘来的第一桶金也因为这个转折而增加了数倍。

三、房地产商的"中医"心经

许荣茂出身中医世家，中医理念对他产生了很大的影响。在许荣茂看来，中医的许多思想深深地影响了他的待人接物、吐纳养身乃至事业发展。

1. 稳健的性格——调理、致中和

中医讲究调理、致中和，这些道理在事业上的运用，使得世茂多年来的发展非常稳健。许荣茂发迹于资本市场，后求稳妥，由于入主纺织、成衣等实业，股市里的钱来得快，去也容易，许荣茂决定抽身做实业，把钱"固

化"下来。

后来，许荣茂找到了令他的财富"扶摇直上九万里"的房地产行业，并逐渐发展成商业地产、住宅、酒店"三驾马车"并行的地产开发格局。

2. 心思缜密——脏腑经络互通生气

中医注重整体观念，主张脏腑经络互通生气，这一点，在许荣茂为人处事中也可见端倪。许荣茂身边的人都说，许荣茂是江湖派，心思缜密，对人、对事都极其讲究。

3. 平常心——万物调理有度

除了做事，中医之道也影响了许荣茂的日常生活。通常，一个人在奢侈环境中，坚守他穷困时的生活习惯是很难的，但对中医深有感悟的许荣茂，却能轻松做到。

深谙"致中和"之道的许荣茂知道，万物调理有度，一个人长期处在奢侈的环境中，不思进取是非常危险的。

许荣茂历来非常节俭，日常生活要求很低，吃饭一般以粥和青菜为主，不讲究名牌服饰，不热衷奢侈休闲，每天晚上必然选择的运动是一个多小时的散步。

"只要有平常心，有钱没钱都可以获得快乐。"许荣茂的生活理念很简单，他习惯在读书、喝茶中消化压力和困惑。他认为，那些纷扰只不过是转瞬即逝的浮云，远不是生活的真谛。

万达掌门人王健林：
村里走出的财富新贵

他从四川农村走出来，在革命军队中成长；看准经济建设的新战场，他借钱在旧城改造中掘得首金；他与足球联姻提升企业知名度；他与跨国零售巨头结盟，商业地产切入跨国公司价值链……

他就是王健林，大连万达集团股份有限公司董事长兼总裁。

凭借自己军人的气魄和胆识，王健林从这个时代中脱颖而出，成为众人仰慕的财富新贵。

一、起于地产，扬名足球

王健林，1954 年 10 月出生在成都边上的都江堰。

1988 年，参军回来的王健林抓住了旧城改造的机会，注册了今日万达的前身——大连市西岗区住宅开发总公司，并由此赚了个盆满钵满。

1993 年，公司实行股份制改造，并将公司定名为万达集团股份有限公司，成为东北首批股份制试点企业之一，王健林任董事长兼总裁。

1994 年，大连由地级市升为副省级市，就在这一年，王健林开始为大连打造另一张城市名片：万达足球。

万达发家于地产，但扬名于足球。1994 年，大连市体委主任找到王健林，说国家想搞足球联赛，王健林也是个球迷，所以就干了。

由此，中国第一家职业足球俱乐部——万达足球俱乐部成立了。

很快，足球联赛在国内风风火火热闹起来，万达成了最大赢家——6 年夺下 4 个冠军，创下连续 55 场不败纪录，大连万达也因此闻名天下，品牌知名度一度位居全国第五。

数年之后，王健林又创造了一项新的纪录：第一个退出足坛的人。在国内足坛因为黑幕、黑哨、假球、赌球等而"搞臭"的前夜，2000 年，大连万达彻底远离了这个是非之地。

在告别足球 5 个月后，王健林召开了一个董事会会议，并决定要"两条腿走路"，这两条腿就是住宅地产和商业地产。

2000 年，大连万达和世界零售业巨头沃尔玛进行谈判，王健林想通过双方的合作，打开万达进入商业地产的大门。但双方足足谈了一年，还是没有达成共识，原因很简单，当时的万达羽翼未丰，而沃尔玛则是世界 500 强之一，双方的差距太大了。

王健林第一次上门跟项目负责人谈，一口就被拒绝了，但他并没有放弃，还是一次一次上门谈。

整整花了一年时间，王健林跑了几十趟，对方才同意"试一试"。

2001 年，经过一年谈判，占地 6.5 万平方米、亚洲单体面积最大的沃尔玛购物中心屹立在了长春重庆路金街龙头的万达商业广场。

凭借这个项目，万达的品牌一炮打响。此后，万达集团与沃尔玛、家乐福等商家签订了联合发展协议，2002 年，万达的商业地产模式在全国范围内推广起来。

在王健林的带领下，万达集团经过 16 年的发展，已形成以住宅房地产、商业房地产为两大支柱产业的大型企业集团。在度过初期的艰难征程后，万达已经用 27 个商业地产综合项目奠定了自己在商业地产行业绝对领军者的地位，王健林也成为当之无愧的中国商业地产教父。

二、南山住宅里的第一桶金

王健林从小就想当将军，他在军队里一呆就是十几年，但 1986 年 7 月，国家实行了"百万大裁军"，王健林离开了军队，转业做了大连市西岗区人民政府办公室主任。

王健林在主任的位置上仅仅干了两年，到了 1988 年，他终于在焦躁中做出了决定，他不甘心在公务员的位置上庸庸碌碌地混日子，他要出去干点"大事"。

1988 年，大连市政府南面有一片"棚户区"，这里的房子都是殖民时期建造的日本房，没有暖气，居住其中的绝大部分为低收入者。

大连市政府找到三家直属企业，希望他们能接受这个旧城改造项目，但这三家企业都不愿意接这工程。

当时，国家有一项政策，棚户区改造，人均面积不满 35 平方米的按 35

平方米补齐。实际情况是，一个小楼有至少5家住户，其中80%的人均面积不足35平方米。这样一来，如果接手改造，则必亏无疑。

刚刚从部队转业落户大连的王健林，也得到了这个消息。就在其他企业都不敢出手的时候，王健林决定不放过这个机会，注册了大连市西岗区住宅开发总公司，投标这个项目。

其实，王健林并不是只有胆识没有谋略，他很明白其中的利害关系，并核算过成本，每平方米的造价为当时大连市的最高房价1200元。

但王健林没得选择，当时开发项目实行"配额"制度，作为刚成立的区级开发公司，王健林根本拿不到好项目，但旧城改造项目却能得到政府的支持。

于是，王健林开始了大连市第一个旧城改造项目，在这个项目中，王健林创造性的采取了三大措施：建高层；每套房子都建造了洗手间；大胆设计了明窗大厅，并采用了铝合金窗。

这三个全新的设计方案，成了这个旧村改造项目成功的关键。项目一经推出，就大获成功，800多套房子以1600元的"天价"在一个月内卖完，利润达到了上千万。

对房地产业一窍不通的王健林首战告捷，这是王健林人生的第一桶金，这些资金也奠定了他新事业的基石，让他对未来充满了信心。

三、万达的经营理念

军人出身的王健林在企业的经营理念上也显出了军人特有的风格，脚踏实地、关怀员工、注重团队的力量。他不玩花拳绣腿，企业的经营理念也不追求花哨。诚信、环保、仁爱……万达用朴实的话语践行着企业的社会责任。

1. 坚守诚信

诚信是市场经济的基础，也是企业经营的基本准则。万达集团成立20年来，始终把诚信经营当作头等大事来抓，诚信是万达集团的核心价值观，也是万达集团始终恪守的基本行为准则。

2. 保护环境

万达集团具有强烈的社会责任感，不仅追求财富的数量，更加追求财富的品质，主动承担社会责任，做好企业公民。

王健林非常重视保护环境，在企业经营中，他采取多种措施节能，并对员工进行环保教育。万达也经常组织员工参加各种环保活动，增强员工的环保意识。

3. 关爱员工

万达集团视人才为企业的核心资本，员工流失率在全国大型企业中也是最低的，员工对于企业发展前景、文化氛围、物质待遇等方面的满意度在全国企业界中遥遥领先。

良好的企业发展前景、广阔的个人事业平台、和谐简单的人际关系、一流优厚的物质待遇、独特优秀的企业文化是万达集团凝聚力的核心要素。

4. 热心慈善

万达集团把"共创财富，公益社会"作为企业使命。20年来，万达集团奉献于社会慈善事业的资金累计17亿元人民币，是中国民营企业中慈善捐赠额最多的企业之一，万达的慈善事业也伴随着万达的成长不断深入、扩大。

"地产枭雄"许家印：
偷 师 学 艺 14 年

2009 年 11 月 5 日，总部位于广州的恒大地产在香港上市，当天收盘市值 705 亿港元，成为在港上市的最大的非国有企业，而拥有恒大地产近七成股份的许家印，身家瞬间升至 422 亿元人民币，超过同一天公布的中国前首富王传福的身家。

生于河南周口农村，学于武汉钢铁学院，初起于国企舞钢，磨砺于特区深圳，最终在广州带领恒大地产闯荡中国，这个曾经的穷小子用自己的勤奋和胆识，描绘了自己辉煌的人生画卷。

一、许家印的创富传奇

1982 年，许家印大学毕业被分配到河南舞阳钢铁公司工作。在工厂的 10 年，他从小技术员做起，历任车间主任、厂长等职，并获得冶金部颁发的高级经济师职称。

捧着国企这个铁饭碗，许家印并没有满足，1992 年，邓小平的南巡谈话让许家印察觉到新的机遇。1992 年初，在河南舞阳钢铁公司做了 7 年车间主任的许家印决定一切从头再来，南下深圳闯荡。

经过几个月的奔波求职，许家印和一家连锁商店的老总签约了。凭借自己勇于开拓创新和坚忍不拔的精神，3 个月后，许家印做成第一个单子，为公司带来 10 万元的业务额，这让老板对他另眼相看，他也从此不用再东奔西跑，当上了办公室主任。

1995 年底，已是这家公司总经理的许家印，面临人生最大的一次机遇：老板派他去广东开发房地产市场。

经过一年多的努力，这家房地产公司从小到大，渐渐成为了广州地产界小有名气、初具规模的地产公司。

接下来，恒大进入了高速奔跑阶段。1999 年，恒大就已位居中国房地产 30 强的第 7 位，到了 2004 年，恒大进入中国百强房企前十强，并于 2004 年、2005 年、2006 年，连续三年蝉联前十强。

2004 年，恒大向中国的二线城市派出员工 100 多人，开始了进军全国的征程；2006 年 4 月，恒大与高盛银行签订境外上市的合作协议，牵手国际资本；2009 年 11 月，恒大地产在港交所挂牌上市，以超过 700 亿元的总市值，成为内地在港上市的最大非国有企业。

二、金碧花园里的第一桶金

1997 年 5 月，珠岛花园二期销售了一半的时候，许家印却选择了离开。

临走时，许家印向老板表明了自己的观点：一个人的价值，应该体现出他的能力水平与贡献。许家印花了 2 年半的时间，从零开始，为公司创造了 2 个多亿的现金流，可是当时，许家印的工资每月只有 3000 多元。

他觉得自己的才华并没有得到应有的回报，所以，他毅然地离开了这家公司，准备自己创业。

1996 年，许家印在广州注册了恒大地产。许家印认为，用最少的钱拿更多的地，发展的时间持续更长，所以恒大的第一个项目锁定在海珠区的一块地上。

为了获得这个项目，许家印又再一次发挥了他的商务谈判能力，他向客户既描绘了恒大的宏伟蓝图，也详细描述了怎么付款更方便。

凭着三寸不烂之舌，首付 300 万终于到手。于是，许家印立即开始设计开发，并复制珠岛花园的模式——小户型，薄利多销，快速回笼资金。

1996 年 6 月 8 日，金碧花园破土动工，1998 年正式公开发售。

金碧花园首期销售额 8000 多万，许家印在金碧花园上赚得的第一桶金，彻底解决了恒大现金流的问题，为恒大的发展奠定了基础。

三、恒大的管理理念

大到领导决策、经营战略，小到员工的伙食、接送、住宿等，恒大都建立了一条条明确的制度规范，许家印甚至还制定出了多达 6000 多条的规章制度和产业流程，这在外人看来不免有些苛刻与极端，但就是这种追求完美、重视细节的态度，成就了今天的恒大。

1. 确保决策的科学性

科学决策是企业持续健康发展的关键所在。恒大地产集团创建十年来，能始终保持超常规的发展速度，很大程度上取决于集团决策层的科学决策。

2. 不断进行机制创新

恒大地产集团从创建之日起，就力求采取现代化大型企业管理制度，遵守国家法律法规，做到"科学、现代、规范"。在企业运作过程中，恒大建立科学的管理制度，任何工作均做到有章可循。

3. 强化目标计划管理

目标计划管理是恒大地产集团快速发展的另一重要因素，自公司创立以来，恒大始终坚持每年1次为期7天的"年度计划会"；始终坚持每年4次为期3天的"季度计划会"；始终坚持每两周1次的"计划例会"。

4. 重视人才的培养

队伍建设是恒大地产集团稳健快速发展的重要法宝，恒大能够快速发展，得益于适度超前的人才战略和竞争上岗的用人机制。

恒大多年来一直坚持以高标准引进人才，入职恒大必须为本科以上学历，具备5年～8年以上工作经验。恒大每年定期向清华、北大等全国重点大学招聘优秀毕业生，储备并培养了大批人才。

5. 注重企业文化建设

自公司成立之日起，恒大就制订了"质量树品牌，诚信立伟业"的企业宗旨，"艰苦创业，无私奉献，努力拼搏，开拓进取"的企业精神，"精心策划、狠抓落实、办事高效"的工作作风。

积极向上的企业文化氛围，极大的调动了员工的工作积极性，也成为恒大发展壮大的软实力。

"地产导演"张宝全：
为筹资拍电影下海南

自 1997 年以来，他作为一位成功的房地产商人被人知晓，他的房地产公司今典集团开发了今典花园、今日家园、苹果社区等较有影响力的地产项目。

在生意以外，他爱好广泛，喜欢开着一辆悍马越野车兜风，希望过上每周能打两次高尔夫球的"理想生活"，他在房地产商人圈中以热爱文化著称，他喜欢练字、作画、写文学作品、编剧本，被人们称为"地产导演"。

张宝全，这个北京电影学院里走出来的导演，阴差阳错地走进了钢筋混凝土垒起来的地产舞台，从 1992 年投身商海到 2002 年创办今典集团，他在中国房地产这个大舞台上导演着自己精彩的人生。

一、"张导演"的财富剧本

1957 年，张宝全出生在江苏镇江，他从小就喜欢艺术，梦想将来能成为一名艺术家，但十年动乱打断了他的求学之路，对文学、对艺术的酷爱也因此被压抑在心里。

但现实却让张宝全走上了经商的道路。他决定下海经商时，先去了深圳，没有找到机会之后，又继续南下到了海南。

张宝全到海南不久，1992 年 10 月，国务院批准要在海南建立国家级旅游度假区——亚龙湾国家旅游度假区，批准设立了海口保税区。由此，炒卖地皮之风一时兴起。

由于张宝全善于管理和经营，工商银行下属的一家企业就委托他办一个二级房地产开发公司，然后要求他一起合作开发。

为了分散风险，在投资房地产生意时，张宝全还成立了一家海运公司，做起了海运生意。

1993 年，全国各地出现了经济过热的现象，信贷规模急剧膨胀，物价飞涨，海南的房地产泡沫危机凸显。

一向谨慎的张宝全意识到了可能要遇到的风险，于是，在海南房地产泡沫破裂之前，张宝全幸运地从海南撤了出来，转战北京。

1994 年，张宝全开始涉足北京的房地产市场。但这一年，由于没有经验，他的事业经受了很大的挫折。

1995 年 3 月，张宝全东山再起，成立了北京安地房地产开发有限公司。1997 年，安地房地产的第一个项目——今典花园隆重上市，张宝全也打响了在北京地产的第一仗。

2002 年，张宝全成立了今典集团，由此，他的事业也进入了快速发展的阶段。

经历了 1992 年的海南房地产热潮后，张宝全一直关注着海南这块让他起家的"热土"。2004 年，张宝全在"今典花园"、"苹果社区"等住宅项目开发成功后，重新进军海南。

2004 年，张宝全在三亚亚龙湾海岸线上开发了第一座五星级度假酒店。这家酒店 2005 年投入运营，8 个月后就实现了盈利。

2007 年，张宝全从 21 家竞标单位中脱颖而出，又拿下三亚海棠湾的一块土地，他准备在这块土地上，开发中国第一座七星级酒店。

2008 年初，张宝全听说三亚湾的一块用作五星级酒店开发的土地要出让，他又一次拿下来建造了五星级"股权式"酒店——三亚湾红树林度假酒店。

2008 年底，张宝全将其他地方的土地统统放弃，专心做起了红树林股权式酒店全国连锁开发。

现在，张宝全率先抢占了海南五湾中的海棠湾、三亚湾、亚龙湾、清水湾等地，奠定了他在海南发展的基础。

二、为拍电影，赚得第一桶金

1976 年，已经 19 周岁的张宝全还在镇上的一个村里插队，这离他对艺术梦想的追求相差甚远。

也许是遗传了父亲动手能力强的潜质，张宝全也干上了木匠活，而且手艺渐渐地超过了父亲。但他却非常的迷茫，看着自己的梦想离自己越来越远，自己却没有办法改变现状。

一个偶然的机会，在别人的帮助下，张宝全进入南京军区炮兵部队做了军人，他的人生轨迹也由此改变了。

张宝全刚进部队时是做炮兵，但很快，他的绘画、文学本领被领导发现，并被转入了电影组。

然而，高高兴兴做了一段时间后，张宝全的某根神经似乎被另一种东西触动了，他觉得自己荒废了儿时的理想，开始有一种不安，便又匆匆抓起笔，匆匆"爬格子"，以致后来落下了毛病，走到什么地方总随身带着稿纸。

1979年，前线发生战事，张宝全写血书请缨去前线，但部队领导没有批准。1984年，他终于如愿以偿，背了一箱稿纸上了前线。

1984年，张宝全发表了各种战地文章300多篇，荣立二等功，但他并不满足，他一直在寻找事业的发力点，1988年，张宝全转业到了镇江电视台。

转业不久，张宝全得知北京电影学院要从全国招收7个人，但必须是有导演经历的人才有资格报考。因为在部队时，张宝全曾拍摄过一部电影，有了拍电影的经验，他几乎没怎么考虑就"停薪留职"北上北京了。

最终，张宝全以笔试第一名的成绩考进了北京电影学院导演系，成为著名导演谢飞的学生。

1992年，从北京电影学院毕业的张宝全已经35岁了。当时，他的老师谢飞为筹拍电影，需要50万的"巨额"资金，但到处筹资，却没人愿意投资。张宝全觉得，想当导演，对一个双手空空的年轻人来说，太困难了。

于是，为了拍电影，张宝全决定下海经商，他想等赚到50万了，再回来当导演。当时，正值邓小平南巡讲话之后，社会正掀起改革开放的新一轮高潮，深圳、海南进入创业热潮中，人人争当个体户，争相下海经商，深圳、海口等城市，成为市场经济发展的桥头堡。

在这股全民下海的热潮中，张宝全南下第一站先来到了深圳。但抬头四望，他发现深圳并没有想像中的那么多机会，看不到机会的他，选择了离开。

张宝全继续往南，来到了海南。

海南让他感觉，身边有很多人还"光着脚"，也有人穿着"草鞋"。这让他很兴奋。站在海南的土地上，他觉得，这里到处都是机会。

当时，工商银行下属的一家企业觉得张宝全善于管理和经营，就委托他办一个二级房地产开发公司，做起了房地产生意。

起初的生意经，非常简单——先找好买家，再利用银行的资金，找到上游的土地，转手卖出，风险很小。

并没有太多从商经验的张宝全，牢记着经济学理论中讲的道理："不要把所有的鸡蛋放在一个篮子里。"在投资房地产生意时，他还看到大量的粮食和货物进出海南，意识到这其中的利润肯定很大，于是，张宝全成立了一家海运公司，买了一些二手船，开展另外一项生意：海运。

在海南，张宝全的海运生意做的有声有色，他也因此淘到了人生的第一桶金，而这个第一桶金正是来自于他想赚到钱去拍电影的想法。

三、艺术是房子的灵魂

张宝全骨子里一直认为自己是一个不折不扣的艺术家，从小他便结下了艺术情结，他的书画自成体系，他的文学作品也集结成册。很多时候，他只有在画室里才能寻求到心灵的宁静与快乐，他对艺术事业的追求甚至超过了对商业的热爱。

有时候人们会把他商人和艺术家的两种角色混淆，说他是商人，他又有着艺术家的灵感和冲动；说他是艺术家，他却又有着商人的犀利和果断。

在两种角色之间游荡，张宝全很明白这两者的联系：艺术家和商人的相同之处在于灵感，任何一个好的商人和艺术家如果没有灵感，就不可能成功；灵感是创造的源泉，尤其在中国这个高速发展的市场中，没有灵感就不可能发现市场、引领市场。

张宝全认为，地产文化是购房者的一种需求，购房者需要地产商为他们创造一种适合自己的生活。现在的购房者，不仅仅把购房当作一种物质消费，而是更加重视购房和住房过程中的精神消费。

中国人非常注重家庭氛围，家是心灵的港湾，是游子的精神依托，很多人会感觉到租房子没有住自己的房子"踏实"，就是因为他们找不到那种精神寄托。

张宝全在做项目时，就要求自己，建筑要体现人的情感和文化特色。张宝全的房地产项目开发，不仅关注人们的物质生存，同样也关注精神寄托——那是一个让人能获得宁静、自由和快乐的天堂。

除了对购房文化的独到见解外，张宝全对于营销战略也有着不同的看法。

1. 直接从事度假地产

面对中国房地产市场从无序走向有序，从不成熟走向成熟，从关系主导走向资本主导，商业嗅觉灵敏的张宝全认为，地产商已经到了转型的时期，一是从单一产品向多元化产品转型，最重要的从单一的开发向开发加投资转型。

张宝全独树一帜地绕开了住宅用地，直接从事度假地产开发。他的目标是做国内最大的连锁五星级酒店运营商。

2. 建立数字电影产业链

时值中国电影数字技术的开始阶段，相比传统胶片放映，数字放映在技术的成本、便利性等方面拥有巨大优势。

张宝全认为，通过数字放映，中国内地的银幕数 5 年内能达到 3 万块的水平，当我们做到 3 万块银幕的时候，全世界票房排序一定是美国第一、中国第二。

这位精明的艺术商人、地产骄子，能将自己的事业做得如此成功，正是因为他有着异于常人的思想和策略。

第五章　文艺界的商业传奇

　　改革开放以后，经商的大潮席卷全国，市场经济的财富观念冲击着国人的传统观念，商业化也不可避免地在"文化人"身上打上烙印，这些"文化人"不再沉迷于舞文弄墨，自娱自乐，他们运用自己敏锐的商业直觉，开始在商海打拼。

　　他们靠经商积累了人生的第一桶金，也开启了自己的财富人生，但他们并非单纯的商人，他们骨子里仍透着文化人的气质，并把发扬文化作为人生的追求。

文化产业商人赵本山：
第一桶金来自煤炭生意

　　他是闻名全国的小品王，几乎每届春晚大奖都落入他的囊中；他又是商界奇才，几乎每战必胜，商业传奇已经成为教材中的案例，他是文化圈里名副其实的首富。

　　他就是闻名遐迩的赵本山，赫赫有名的小品王，本山艺术学院的校长，本山传媒集团董事长。他是一个具有多种身份的人，更是一个创造财富神话的商业之神。

一、小品演员的商人眼光

　　赵本山，1957年10月2日出生于辽宁省铁岭市莲花镇莲花村的石嘴沟。因为家里穷，孩子多，无奈之下，赵本山在6岁的时候跟其盲眼的二叔学艺。二叔是民间艺人，拉二胡、吹唢呐、抛手绢、打手玉子、唱小曲、二人转小帽等样样精通。

　　赵本山跟着二叔学会了他的全部技艺，尤其是三弦功底尤为突出。很快，赵本山就成了小有名气的艺人。在17岁时，他进入公社文艺队，正式成为一名演员。

　　1982年，赵本山在辽宁农村小品调演中一举成名，不久又因和潘长江合演舞台剧，红遍了东三省。1987年，赵本山在姜昆的推荐下，走进了中央电视台的春节晚会，从此，拉开了近20年的春晚传奇。

　　在小品上红火的赵本山没有满足，开始涉足影视，从《刘老根》开始，赵本山实现了从舞台到银幕的转变，然后就一发不可收拾，自编自导自演的《马大帅》、《刘老根》系列、《乡村爱情》系列，演一部火一部。

　　而赵本山也由单纯的演员成长为导演、制片人，是名副其实的多面手，并且这些影视作品为赵本山带来了2000多万元的利润。

如果说赵本山从事演艺事业还算是本色出演的话，那么，赵本山在商业上的开拓，就可以说是一个漂亮的转身了。1993年，正是中国经济大潮开始涌动的那一年，敏锐的赵本山觉得自己不能只靠演小品吃饭。

一个演员的黄金期只有那么几年，不趁着名气、人脉正火的时候赚钱，以后成了过气明星，后悔就晚了。于是，赵本山也成立了自己的公司——本山艺术开发总公司，自己亲任总经理，主要是利用自己的名气和专业，从事文化、广告、影视以及纯商业活动——煤炭运输和买卖。

1997年，赵本山陪几个老板朋友在剧场看二人转，那几个老板被二人转表演逗得开怀大笑，光给演员的赏钱就好几百。这让赵本山发现了二人转的商机。

赵本山把二人转纳入了自己的公司，开始在全国进行推广、演出。这个扎根东北的民间艺术，走向了全国。刘老根大舞台成了一个响当当的品牌。据估算，这个品牌就值1000万，而刘老根大舞台一天的收益就是10万元，年收益达3000万元。

进入新世纪，赵本山的商业触角不但没有收缩，相反开始了扩张。只有小学文化的他，正儿八经地当起了大学的院长。他和辽宁大学合作成立了本山艺术学院，赵本山是第一任院长。

不久，本山传媒集团又宣告成立，在沈阳南郊苏家屯区，赵本山耗资8000万元、占地将近300亩，建成了本山影视基地，这块地目前市值将近7个亿！

赵本山，终于成为文艺界的首富，一个名副其实的亿万富翁。

二、黑煤炭里的第一桶金

20世纪90年代是中国经济最具活力的时期。赵本山也不甘心自己只在小品这块方寸之地上展示自己，他希望能有更广阔的舞台让自己打拼，尤其是他感兴趣的二人转、影视，他梦想着成为一个演艺界的多面手。但一个现实的难题让他无法展翅，那就是资金。

干什么都少不了钱，尤其是影视，完全是个烧钱的产业，没有大的资金投入，根本就做不成事情。

为了实现自己的梦想，赵本山决定也赶时髦，下海经商。1993年，赵本山成立了本山艺术开发公司，和那年头大大小小的开发公司一样，赵本山经营的范围也很杂，广告、影视、文化，没有一个重心，让赵本山的公司基本只维持一个空壳而已。

看到这样的局面，赵本山动起了脑筋，决定先赚钱，然后再经营文化产业。精明的赵本山知道自己的家乡辽宁是个资源丰富和工业基础雄厚的大省，煤炭的消耗量是小不了，何不在煤炭的经营和运输上大干一番呢？

赵本山的名气帮了他。他那张熟悉的带有喜剧色彩的脸，一出现在生意场上，立刻就能混个脸熟，那些搞煤炭买卖和运输的老板们一看银幕上的笑星也来和他们做生意，自然乐意帮忙。于是，靠着这层关系，赵本山很快就在这一行打开了局面。

赵本山虽说是生意场上的新兵，但绝不是一个门外汉，他恪守生意场上的规则，小时候贫困的生活经历，又告诉他做事要处处精打细算，再加上他精明的眼光和东北人豪爽、讲义气的秉性，让赵本山很快就在这一行站稳了脚跟。

全国的经济热潮，对煤炭的供不应求，使得赵本山的公司运营顺利，很快，他就在煤炭的经营和运输上发了财，赚取了他人生的第一桶金。

三、小品大王讲"秘诀"

赵本山现象开始引起了很多人的关注，佩服的人觉得他精明、善于把握时机，而不佩服的人则认为赵本山是靠名气吃饭，靠当地政府的扶持才走到了这一步。这两种说法其实都有偏颇之处，赵本山的成功，自然有他的独门秘诀。

1. 珍惜名声，不走穴

在走穴盛行的时代，许多演员都靠走穴发了财，但赵本山却从没有走过穴，哪怕他的出场费达到了 20 万，他也没有动心，这让他博得了好名声。

2. 人脉顺通

赵本山虽然坚持不走穴，但对于地方政府举办的文艺演出则是有请必到，而且从不计较报酬。这样的低姿态，让他人脉顺通，为日后的经商打下了良好的人际基础。

最明显的回报就是在办影视基地时和拍摄电视剧的时候，通常都是各地政府争相邀请赵本山去当地拍摄，一分钱都不收，还无偿提供拍摄场地和负责伙食，这让赵本山的成本大大下降。

3. 投资电视，不碰电影

赵本山只投资成本少、见效快的电视剧，从不碰电影。在他看来，中国人已经离不开电视了，全国那么多卫星电视，把自己拍摄的电视剧轮番放一遍，一年的时间都不够用。

但电影的风险就大得多，投资额高且不说，观众的口味还无法全部满足。所以赵本山对于电影只是友情出演，从不投资，这个方略让他稳赚钱而不赔钱。

4. 危机意识

赵本山是个很有危机感的人，他时时刻刻要主宰自己的命运。因为自幼过过苦日子的缘故，赵本山对于钱看得很重，在成本控制上很有一套。每次拍戏，他都把拍摄场地固定在家乡铁岭，因为当地政府为他的拍摄全程开绿灯，不收一分钱。

其次，他选用的演员几乎全部都是自己的徒弟，这样就不用付什么高额片酬了，而且每个演员都不止干一份活。许多演员除了演出，还要担任配戏、打板，甚至演奏乐器，有时还要到门口买票，赵本山是最大化地利用演员，以此来节约成本。

传媒巨子王中军：
在大洋彼岸"吃螃蟹"

他是中国福布斯上榜富豪，内地娱乐界的巨头之一，他是凭着一股初生牛犊不怕虎的冲劲，在商海中一路乘风破浪，创立了华谊兄弟投资公司的王中军。

从零到有，从有到多，王中军一方面积累着财富，一方面用钱生钱，把风雨飘摇的小广告公司发展成为了娱乐界龙头。

他霸气十足地说："我就是我世界里面的国王，比房地产更赚的是文化娱乐产业。"

或许这就是华谊从最初不起眼的小公司蜕变成今日大集团的成功之所在吧。

一、"传媒巨子"的财富圈

1994 年，从美国留学回国的王中军带领两个弟弟来到北京，用 100 多万元创立了名为"华谊兄弟"的广告公司。

起初的生意萧条让王中军疾走于各大街头，通过发传单去宣传刚起步的"华谊兄弟"。不久后，机遇找到了这个有准备的年轻人。

中国银行全国 1.5 万多家网点标准化工程，使得华谊广告立刻摆脱了困境，并树立了在国内 CI 领域的领头地位。这一单名利双收的买卖，让王中军陆续接下了一些银行和企业的大单子。

客户排队，订单像雪花一样源源不断，使得公司在成立不到 3 年的时间里就挣得盆满钵满。

1998 年的一天，王中军遇见了一个电视圈的朋友，他听这位朋友说拍电视可以挣很多钱，于是开始尝试影视行业，不错的社会反响，让华谊兄弟一时间声名鹊起。

王中军在尝到"甜头"后，开始全面投入传媒产业，投资和运营电视剧、唱片、艺人经纪、娱乐营销等领域，而且在这些领域都取得了相当不错的成绩，2005年，王中军成立了华谊兄弟传媒集团。

2008年，华谊兄弟成功地并购了中乾龙德与金泽太和，使得实力得到了进一步增强。到2009年9月27日，证监会宣布华谊兄弟传媒股份有限公司通过了第7批创业板上市企业审核，成功上市创业板。

如今，华谊兄弟投资公司是国内唯一一家将电影、艺人和电视三个板块实现了有效整合的传媒公司。旗下有著名的张纪中、陆川、冯小刚等导演，关之琳、周迅、王姬等著名演员。华谊兄弟已经成了中国最大私营电影公司，并在电影市场中演绎了资本化进程。

在不知不觉中，华谊兄弟投资公司已经蜕变成了目前位居中国企业500强之一的大企业，成为了娱乐传媒业的第一名。王中军也从当时的一文不名变成了今日的"民营娱乐教父"。

二、广告业里提炼的第一桶金

王中军1960年出生于一个军人家庭，从小酷爱绘画，1976年，还没有初中毕业的王中军就参军入伍了。6年后他退伍回到北京，在国家物资总局物资出版社担任摄影记者与美术编辑。

后来，王中军承包了一家公司的广告部，虽然生意平稳，但这样的现状让王中军感到厌烦。于是，他选择了去美国深造，开始了另外一段人生旅途。

尽管如此，他心系的依旧是自主创业，他深知出国留学只是人生一个微小插曲，回国创业才是他的正途。

为了赚钱回家创业，王中军在美国期间，一边独立地完成学业，一边没日没夜地在餐馆打工。每天16小时的工作强度并没有磨灭王中军的创业意识。这样的日子一过就是5年。

对于那段日子的苦，他没有向任何人倾诉，因为他比谁都明白：吃得苦中苦，方为人上人。对于自己的留学生活，他也认为目的很简单，就是"攒钱和拿到学位"。

经过5年的打工生活，王中军和妻子带着省吃俭用的10万美金回到了北京，经过商讨，最后决定由王中军带头，领着两个弟弟从老本行做起，开了华谊广告公司。

刚开始起步的华谊经营得非常艰难，他们刚开始时靠做小杂志，然后刊登一些广告，直邮给使馆与三星级以上的高级公寓。

当时为了降低成本，王中军每天早上都是骑着自行车到地铁口，锁好车后，坐地铁上班，到建国门下车后再走去公司。这样的艰难现状并没有让王中军绝望。

美国的打工经历，使王中军练就了不怕苦不怕累的精神。在没有业务的时候，他骑着车子，四处疾走奔跑，发传单，找客户。他不希望他的广告公司就此淹没于商海之中。除了奋起，他别无选择。

当他看见北京大街小巷的中国银行都使用不同标记时，王中军突然看见了里面的商机，他毛遂自荐地找到中银，建议中银可以采用标准化规范工程。中行领导人一听，觉得正中下怀。王中军当即去美国采购了材料，用了不到一个月的时间就拿出了样品。

中国银行把来自各个广告公司的设计进行了一次系统展示，王中军的样品在当时好评如潮，于是华谊兄弟广告公司拿下了中国银行在全国范围内的1.5万个标准化工程。

此后，其他银行也纷纷效仿中国银行，推出自己的标准化标识，同时，也有很多大企业找到了华谊，希望他们为企业设计牌匾，这些业务为华谊广告公司带来了巨额收入。

由于好声誉，客户排队不断，订单一个接一个，华谊广告公司在成立还不到3年时间里，就赚足了四、五千万，这是任何一个创业不久的公司都无法想像的事情。而且就在此时，华谊广告公司成功的跻身于中国十大广告公司之列。

王中军至此捞到了事业上的"第一桶金"，形成了原始积累，为以后向影视业发展奠定了不可或缺的经济基础。

三 "媒体巨头"的精神财富

华谊兄弟公司在王中军的领导下成为了电影公司中的佼佼者，在依靠创意的电影行业中，华谊兄弟公司能够稳站第一，他背后的经验是值得我们去思考的。

王中军没有刻意总结成功的经验，他的成功并非来源于明确的原则，他回想公司的发展历程，朴实地说出了：平等、分享、创新、快乐这简短的八个字。

1. 平等

平等是团队合作的基础，如果无法实现平等原则的话，那就无法实现真正的合作，所以平等很重要。平等是分享、创新、快乐的前提条件和基础。如果没有平等，其他几点就是无源之水。

2. 分享

有了平等才会有分享。分享是指互通有无，促进合作，分享新思路、新点子、新思想，分享最后的成果。如果不分享，大家一味地闭门造车，最后只会导致资源的浪费。分享是电光石火的碰撞，是新事物能够得到广泛认同的重要保证。

3. 创新

如果没有创新，那么整个企业只会原地踏步，无法发展。对于娱乐文化产业，创新显得尤为重要。创新只能依靠个体突破，组织应负责提供条件和环境，让员工发挥最大的才力，为公司的发展添砖加瓦。

4. 快乐

平等是快乐的源泉，是生活的本质。快乐是生产创意的必需品。在压抑中工作，我们很难拥有真正的创意。快乐的心态、积极做事的态度，都是衍生好创意的必备条件。而且快乐还可以感染他人，让公司氛围变的融洽和睦。

"影视大鳄"邓建国：
"科技盲"鼓捣信息网

他不是明星，却经常出现在娱乐圈的各类颁奖仪式上，和娱乐明星抢风头；他没接受过专业的影视拍摄训练，拍出了《康熙微服私访记》等很多脍炙人口的作品；他文化水平并不高，却被很多知名大学聘为客座教授；他凭着1000元钱起家，创办了中国最大的民营影业公司，被媒体喻为中国的影视大鳄。

他就是邓建国。

一、电影放映员下海拍电影

1959年，邓建国出生在江西临川。1977年，18岁的邓建国到了当时的临川县农场当通讯员，之后又做了农场的电影放映员。

1987年，为谋求更大的发展，邓建国到海南一家报社做了主管广告业务的副主编。

后来，邓建国到了珠海并承包了一家广告公司的摄像部，但由于经营不善，一年后，邓建国赔掉了老底。

一连串的打击并没有让邓建国气馁，1990年底，邓建国离开珠海，拿着仅剩的1000块钱来到了深圳。

经人介绍，邓建国认识了一家出版社的社长，社长非常欣赏这位敢闯敢拼的年轻人，在他的推荐下，邓建国以"先承包后交费"的形式承包了该出版社的一个部门，开始为广州市的企业制作广告宣传片。

1994年，邓建国挂靠珠江电影制片厂成立了一个"明星工作室"。对电影制作和发行都一无所知的他隐约觉得，自己一步步接近了梦想，拍部电影的想法也越来越强烈。

1995年，邓建国拿出自己积攒的15万元资金，拍了他人生中的第一部

电影《广州故事》。

为了弥补自身文化上的不足，拍摄时邓建国卖尽力气增加所谓"文化味"，并在开机时搞了一个热热闹闹的仪式，但《广州故事》遭到惨败，让他亏了200万。

认真总结了失败的教训之后，他又投入到了新片的拍摄筹备中。

1996年，邓建国接到了30集电视剧《广州教父》的剧本，邓建国看好这部电视剧的市场前景，但他手里仅有50万资金，用这点钱去拍摄30集的电视剧是根本不可能的。

为了筹集拍摄的资金，邓建国在当地的报纸上大篇幅的打广告，宣传这部电视剧广阔的市场前景和极高的广告回报率。

广告打出去之后，引起了很大的反响，邓建国成功地筹集到了拍摄资金。

曲折精彩的故事情节加上演员精湛的演技，《广州教父》大获成功，各电视台纷纷在黄金时段强档播出这部电视剧，邓建国也因此赚了1000多万，这也为他后来创办巨星影业奠定了基础。

1996年，邓建国注册了广州巨星影业公司。成立之初，他就做出令人吃惊之举：大规模与海内外影视明星签约。像港台的汤镇宗、任达华、温兆伦等都被他签于旗下。

其实，这时的邓建国是最穷的，他一边笑着付给明星们大把大把的钞票，一边苦着脸四处贩卖自己的影视计划，创业初期的艰辛可想而知。

成功将大牌明星拉拢到自己公司之后，邓建国开始策划拍电影。1996年，邓建国投拍了《珠江恩仇记》、《鸦片战争演义》，并在1997年一举创下1.1亿元的惊人收入。

从1997年开始，邓建国先后投拍了《反贪风暴》、《康熙微服私访记》（第一、二、三部）、《东方母亲》、《美丽人生》、《风流才子纪晓岚》、《猛龙过江》等20余部影视剧，创造了良好的业绩。

二、信息网里摸到第一桶金

20多年前的邓建国，是一个典型的江西老俵。高中毕业后，他就到当时的临川县农场工作。据他说当时他有4种工作：给领导倒水、收发信件报纸、打扫办公室门口的卫生、负责敲上下班的钟。就这样，他干了2年，由于卖力的表现，领导安排他作了电影放映员。

电影放映员可是一个好差事，全农场几百双眼睛都盯着它，邓建国凭着自己灵活的脑子得到了它。从此以后，他就认认真真干起了放电影这个行当，这一干就是 6 年。

国内国外的、好看的难看的电影，他都看了个够。每个星期，他都要到 20 多里外的城里换拷贝，也交了一些城里的朋友，见的世面也大了。

这个时候，他的心有点"蠢蠢欲动"了。邓建国在农场做了 6 年的电影放映员，此时正是 80 年代的中期，很多人开始下海经商，自己做老板，邓建国也坐不住了，他决定要做自己喜欢的事情——拍电影。

于是，邓建国辞掉干了 6 年的电影放映工作，离开了农场。

要拍电影就必须有很多钱，邓建国四处寻找挣钱的门道。

一天，邓建国在报纸上看到一个科技信息方面的消息，他敏锐地意识到，利用科技信息在全国建立信息网是一条致富途径，他开始着手准备利用信息网络发财了。

借着城里一个朋友的执照，他开始运作他的信息发财梦。这个从小学开始数理化就从来没有及格过的差生邓建国，居然搞起了科学技术开发。

1984 年开始，邓建国先后在江西临川和九江等地开办科技培训班，开讲蚊香和无尘粉笔制作技术，并和南京、北京的公司及信息报社合作搞项目开发。

邓建国和一帮思想活跃的农民朋友忙忙碌碌嚷着"科技致富"，短短的一两年内就赚到了 20 多万。

就这样，他在不具备任何科技优势的情况下，误打误撞地靠搞信息赚到了人生的第一桶金。

三、邓建国的致富要诀

邓建国的朋友都这样评价他：有点"汉奸"味儿，有点坏坏的感觉，还有点傻气。但就是这个被人称作"傻瓜邓"的"活宝"，凭着那颗特别的脑袋，做出了一件又一件令中国影视圈瞠目结舌的事情，也为自己赚足了钞票。

邓建国是精明的，甚至可以说有点"狡猾"，只不过他推行的是"傻瓜谋略"。他就像一位铆足了劲儿的老农民，挥舞着一把破锄头，在中国的影视圈内东锄西耙，终于开垦出了自己的一片新天地。

邓建国认为，自己成功的秘诀主要有三点：

1. 重义气

邓建国很看重朋友，宁愿"自己受委屈也从来不让朋友吃亏"。他从不拖欠员工的工资，也不欠朋友一分钱。

实际上，他可以在小利上让人三分，但他绝对在大利来到时毫不含糊。他可以一边与港台明星打着百万元的官司，一边与他傻乎乎地谈笑风生。他认为：官司归官司，朋友归朋友。

2. 爱琢磨事儿

邓建国爱思考，经常琢磨许多事儿，他琢磨来琢磨去，说不定什么时候就会有一些稀奇古怪的创意出来了，而且这些创意有时傻得让人无法相信，大胆得不可思议。

他还经常有意制造一些新闻，让人真假难辨，从而成为媒体爆炒的话题；他善于发现问题中的商机，并从中得到能赚钱的新路子。

比如，当初《还珠格格》红遍大江南北，邓建国脑瓜一激灵，马上决定把《还珠格格》的导演孙树培拉到自己的旗下。

一个电话打到台湾，找到压根儿就不认识的孙树培，后来就达成了《格格要嫁人》的合作意向。

敢想敢做，没有你做不到的，只有你想不到的。这就是邓建国的生存哲学。

3. 玩命工作

另外，"玩命工作"也是邓建国成功的关键，对邓建国来说，玩儿就是工作，工作就是玩儿，玩儿得越傻，越有商机。

商界诗人江南春：
160 元 "巨债" 逼出亿万富翁

　　江南春，一个富有诗意的名字，一个才华横溢的诗人，但现在，诗人却转战商界，打造了自己的传媒帝国。

　　他率领着自己的公司不断制造有轰动效应的财富新闻，从 1 亿美元并购框架媒介，到 3.25 亿美元鲸吞聚众传媒，他带领分众传媒成为了中国最大的户外电视广告网络运营商。

一、浪漫诗人书写财富传奇

　　生于 1973 年的江南春是土生土长的上海人。1994 年，刚上大三的江南春和几个合作伙伴成立了永怡广告公司，自任总经理。

　　为了给公司里的无锡项目融资，江南春找到著名的 IT 传媒集团 IDG。意想不到的是，项目没谈成，江南春却与 IDG 传媒集团结下了不解之缘，IDG 总裁非常看好这位敢闯敢拼的年轻人。

　　此时，已经敏锐察觉 IT 业在不久的未来将成长为一个巨大的新兴产业的江南春，没有放过这样的机会，1996 年 1 月 1 日，江南春进入 IDG 传媒集团，为他们筹办上海办事处，永怡自然地成为 IDG 传媒业务最主要的广告代理商。

　　凭借 IDG 在 IT 业的一些客户资源，永怡开始在这个行业里崭露头角。到 1998 年，永怡几乎垄断了上海 IT 业的所有客户，也成为这个行业国内领先的广告公司。1998 年，永怡全年的收入达到五、六千万元，这几乎占据了上海 IT 广告业 95％ 的份额。

　　但超级垄断也让永怡的发展遭遇瓶颈，在上海 IT 广告市场，留给永怡的只剩下 5％ 的余额，探索新模式成为摆在江南春面前的一个新难题。

　　2000 年，江南春抓住了一个意想不到的新契机：互联网，这也为永怡传播带来了一个质的飞跃，因为当年同时代理了 7 个网站的广告，永怡的年营

业额增长了 5000 万。

2003 年 5 月，江南春注册成立分众传媒（中国）控股有限公司，并出任首席执行官。

一开始，自言生性谨慎保守的江南春还只想在自有资金基础上滚动式开发，但投资商却已经主动找上门来了。

2003 年 5 月，与分众同在一幢大厦，而且就在对门的著名风险投资基金软银的负责人突然造访，并表示愿意为分众传媒提供投资。江南春和软银的负责人仅仅谈了 3 个小时，双方就达成了投资的基本框架。此后，维众、3I 等风险投资也闻风而来。

分众传媒通过私募获得充沛资本之后，江南春以迅雷不及掩耳之势在全国各大城市掀起了"圈地"攻势，在短短两年多的时间里，分众传媒在全国 45 个城市中占领了 2 万栋商业楼宇。

2005 年 7 月 13 日，作为中国最大的户外视频广告运营商，分众传媒正式在美国纳斯达克市场挂牌交易。一夜之间，江南春身价暴涨至 2.7 亿美元，成为传媒行业的财富新贵。

这个曾经以写诗自娱的校园诗人，如今在商界书写了一个财富传奇。

二、拉广告收获第一桶金

1991 年，江南春成为华东师范大学汉语言文学专业的一名学生，大学时代，江南春是华东师大颇有名气的"夏雨诗社"社长，还出过一本诗集《抒情时代》。

大二时，江南春就准备竞选学校的学生会主席。在该校历史上，竞选学生会主席的一般都是大三学生，江南春则提前了一年。

在最后竞选的 6 个候选人中，第一个上台的江南春进行了脱稿演讲，他激情澎湃，语言流畅，赢得了在场者的一致好评。最终，江南春凭借他的口才和充分的准备工作，成功当选校学生会主席。

但为了这次竞选，江南春也付出了"沉重"的代价：因为请别人吃饭，他欠下了 160 元的债务，这在当时的学生眼里，已经算得上是"巨额"债务了。

为了还清竞选学生会主席时欠下的 160 元"巨债"，江南春去了一家广告公司做兼职——拉广告。

江南春拉到的第一个客户是汇联商厦，客户给了他 1500 块钱，让他作影视广告策划。江南春连夜写了剧本，随后客户痛快地投入了十几万拍广告。

第一单的成功，让江南春欣喜不已，他决定把学生会的工作放下，全身心投入到这一行业中。

1993 年，江南春为这家广告公司拉到了 150 万的业务，占到了公司总业务量的三分之一。

江南春不甘心总是为别人打工，于是，1994 年 2 月，尚在就读大三的江南春开始自己创业。同年 7 月，江南春与包括香港的永怡集团在内的几个伙伴合资，注册成立了一家以创意为主的广告代理公司——永怡传播，1995 年，公司成功获得无锡的街边灯箱广告项目。

江南春特别能"折腾"，他和几个伙伴一起找客户，谈业务，每天都忙到很晚。经过一番打拼，大学还没毕业，江南春就已经积累了人生中的第一桶金，成为了学生中少见的百万富翁。

三、分众传媒的八大策略

从一个普通的广告代理公司到如今中国最大的户外视频广告运营商，分众传媒在行业内的竞争优势是什么？是什么样的竞争策略成就了分众传媒的传奇？

1. 定位战略

分众意为区分受众，分众传媒就是要面对一个特定的受众群，而这个群能够被清晰地描述和定义，这个族群恰好是某些商品或品牌的领先消费群或重度消费群。

基于这种定位，分众传媒 2002 年起一直坚持以中高端写字楼为主营方向，到 2004 年则以写字楼为核心，沿着其他中高端人群的生活轨迹，将液晶电视植入到商场、宾馆、机场及娱乐休闲场所中。

2. 资本战略

分众传媒的高速发展离不开风险投资的积极推动，2003 年 5 月，分众传媒率先赢得了软银的投资，开始凭借资本力量在全国展开圈地圈楼运动。

此后，美国最大的投资银行高盛公司等多家投资机构先后向分众传媒注资，在积极的资本战略的引导下，分众在楼宇电视市场牢牢地占据了其不可撼动的领导地位。

3. 资源战略

分众传媒的资源战略首先是重视市场占有率，经过调查，2005 年，分众

在被调查的 13 个城市均保持了强势地位。

分众的资源战略还体现在对高品质楼宇的占有上，根据全球最大的不动产管理集团高力物业所提供的中国十大城市 Top 50 写字楼排行榜中，分众传媒的楼宇广告基本占据了 75％以上的中高档写字楼。

4. 聚焦战略

分众在进行全国扩张时采取了以直营为主、加盟为辅的聚焦战略。首先在主力城市集中优势兵力，做强做透，而在其他商机尚不成熟的地区利用品牌优势，甄选当地有较强经济实力、有丰富的媒体经营经验以及良好的本地人脉关系的广告公司对其进行标准化的商业模式、运营管理的规划，经确认后允许其加盟，这种理性而且务实的战略受到了投资方的高度评价。

5. 服务战略

分众传媒以其规范化的服务树立了楼宇电视的行业标准，公司率先聘请全球最大的市场调研公司对受众人群特征、收视习惯、广告回忆率、收视倾向等进行调查分析，为广告主提供决策依据。

规范化的服务战略使分众的标准成为整个行业的标准，这种品质化的管理则进一步强化了广告主的品牌意识。

6. 成本战略

分众传媒针对不同的消费群体，采取不同的广告投放策略，分众的成本战略不但使其从电视广告预算中赢得了一部分资金，而且在楼宇电视市场中占据了难以超越的成本优势。

7. 人才战略

分众传媒非常重视高端人才的引进，其人才战略已蔓延至财务管理、市场推广、楼宇拓展、售后服务等更多部门，随着资本的大量介入，越来越多的人才也向着分众聚集而去。

8. 投资战略

分众看到了中国现有的零售终端缺乏有效的媒体传播工具和载体的现状，将大量液晶和等离子电视设置于卖场零售终端，直接刺激消费者的购买欲望和影响消费者的购买决策。

现在，分众传媒已占据了国内二分之一的大卖场的媒体广告，还进入了 1000 家标准超市和 1500 家便利店，每周接触 8000 万快速消费品的购买者。

紫檀女王陈丽华：
财 富 源 于 艺 术

　　她，是满族贵族的后代；她没念完高中，却是美国佐治亚州萨凡纳艺术设计学院荣誉博士；她是一介平民，却成为第八、九、十届全国政协委员及北京市政协委员，中华海外联谊会理事，中华工商联委员，中国满学会终身名誉会长。

　　她就是香港富华国际集团董事长，著名的"紫檀女王"，中国第一女首富陈丽华，其个人资产已经超过了 48 亿。

　　陈丽华的财富之路充分显示了一个女人的坚韧。

一、紫檀女王的财富之路

　　90 年代，亚洲的金融危机，让许多商人的财富大幅缩水，但陈丽华却逃过一劫，财富不但没有减少，还成倍增长，她的秘诀就是投资大陆。

　　在北京，90 年代的地产生意正处于起步阶段，陈丽华在王府井周边陆续拿到了一系列令人艳羡的黄金地段，先后投资 5 亿元兴建了丽苑公寓，然后是投资额达 20 亿元的利山大厦，后又在东部建造了 56 万平方米的富华园小区。

　　富华集团在京的固定资产已超过 50 亿元，已建成使用、已开工和准备开工的项目总面积超过 130 万平方米，投资总额超过 100 亿元。这一超凡的战略眼光，不但让她躲过了金融危机，也让她开始在商业圈里名声大振。

　　陈丽华利用手中积累的财富，开始了多元化的投资，其中涉及高级会所、高档公寓、物业管理、酒店管理，并介入旅游、商贸、网络信息、航空服务领域，几乎无所不包，足迹遍布东南亚。

　　成功后的陈丽华没有去玩资本游戏，而是把目光转向了紫檀家具。

　　在陈丽华看来，财富终究只是一种符号，而紫檀家具却是一种艺术、一

种文化，可以长久地流传下去。于是，在她事业最辉煌的时候，陈丽华华丽转身，开始了她的紫檀王国的打造。

为了紫檀家具，陈丽华放下董事长的身段，亲自奔赴东南亚的原始森林，在那里和工人一起选购贵重的紫檀木，其中遭遇的危险和吃过的苦，让外人对她以董事长至尊去干这样的事，多少有些不解。但陈丽华却乐此不疲。

紫檀木采购回来之后，陈丽华又和100多个工人吃住在一起，精心打造出一件件紫檀精品，由此她很快就成为享誉国内外的紫檀大王。

陈丽华紫檀大王的名声，让她于1999年5月获得了美国最大的私立艺术学院——萨凡纳艺术设计学院的荣誉人文博士称号。萨凡纳市市长还向她授予金钥匙，宣布她为荣誉市民，并将每年的5月25日定为萨凡纳市"陈丽华日"。陈丽华是获得此殊荣的第一个中国人。

如今的陈丽华已经年过花甲，但她没有和儿孙一起享受天伦之乐，而是住在自己创建的紫檀博物馆里，和她心爱的紫檀家具在一起。用她的话说："这辈子就和紫檀结缘了。要做别人没有的、世上无双的。别人都看重外国的高科技，我要做外国人看重的中国玩意儿。"

二、投资地产，收获第一桶金

陈丽华幼年因家境贫寒，读到高中便被迫辍学。因为生计所累，陈丽华做起了家具修理生意，由于她颇具生意头脑、待人热诚讲信用，生意红红火火，很快她成立了自己的家具厂。在大陆的几年家具修理，让陈丽华有了点积蓄。1981年，陈丽华移民香港，并在香港成立了富华公司，想着要在香港做出一番事业来。

香港是个人多地窄的地区，看着那些熙熙攘攘的人群，陈丽华一时摸不清自己该干哪一行。做家具修理吧，在香港这个物质发达的社会里，几乎没什么生意。想来想去，陈丽华把目光瞄准了房地产这一行当。

陈丽华利用手里的积蓄，在遥远的比利时购买了12栋别墅。这在她的商业伙伴看来，无异于发疯。人在香港，却到欧洲买房，这遥远的地区差异，稍有个信息不灵，就会赔钱。

许多人劝她放弃，说有钱可以开个工厂，生产大陆缺少的商品，可以轻易地赚钱，或者利用香港关税低，做进出口生意，哪样不比在比利时买别墅强？

但陈丽华却偏偏认准了自己的路，她相信手里的豪华别墅会为自己带来财富。陈丽华说："在交通和资本往来发达的社会，难道香港人就不能买欧洲的房子吗？就不能对房产进行投资吗？"

房地产是个技术门槛很低的行业，只要做到低价买进、高价卖出就能赚到钱。随着资本的流进流出，香港人从事房产投资的热情高涨，别说比利时，就是非洲有房都会有人买。但问题是何时才能知道价格的高低呢？

这个时候，女性的敏锐让陈丽华占据了有利地位。她没有一味地死捂着别墅不让，而是灵活地设置了几个价位，只要一到她心目中的理想价位，陈丽华就果断出手，卖出别墅，等到价格又回落到自己认为能赚钱的价位，陈丽华又出手买进别墅。

就这样几经倒手，陈丽华获益不少。最后一算账，陈丽华自己都被自己的收益吓了一跳，那可是做梦都想不到的一笔财富，达到了百万之巨，陈丽华不但收获了人生的第一桶金，而且还由此迈入富豪之列。

有了巨额的资本积累之后，陈丽华的眼界开阔了，香港这个弹丸之地，已经不在她的眼里，于是，陈丽华投资澳洲房产，并且收到了丰厚的回报。她的事业由此又上了一层楼，富华公司开始在香港人人皆知。

三、陈丽华的成功之道

陈丽华由一个普通的家庭妇女变身为亿万富豪和闻名中外的紫檀大王，其中每一步都充满了艰辛和不凡。

1. 诚实、信用第一

许多人都想知道陈丽华成功的诀窍，但陈丽华却总是说自己最大的诀窍就是诚实和守信用。这是一个商业社会的基本典范，在她看来，商业不需要欺诈和权谋，靠的就是信用和诚实。

2. 真心交朋友

陈丽华当初在北京投资房地产，拿的每一块地都是黄金宝地。这让人不解，以为她有什么背景，或许就是贵族的身份。陈丽华总是说："无他，就是真心交朋友！朋友多了，路也就多了。"就是因为朋友的帮助，才让她的投资出奇地顺利。

3. 脚踏实地

陈丽华从不玩金融游戏，她的富华公司也没有上市的打算，在她看来，上市就是圈钱，太过浮躁，远没有脚踏实地地做生意强。

荣昌钧瓷董事长苗峰伟：
"砸"出来的中国奢侈品品牌

　　他是一个名副其实的商人，带领荣昌钧瓷成功走上了品牌化之路，全面提升了钧瓷的品味和知名度；但他又不是一个传统意义上的商人，相比滚滚而来的财富，他更看重钧瓷表达感情、传承文明的文化精髓。

　　从这个角度来讲，他并不是一个纯粹的商人，而是一个真正的文化商人。

　　他就是苗峰伟，一个和钧瓷打交道的企业家。

一、"事件"营销开启财富之门

　　在上个世纪八九十年代，禹州虽然仍有为数不少传承了数百年的钧瓷窑洞，但是这些窑洞大多是家庭作坊式的生产，设备、技术、工艺等方面都很落后，钧瓷的市场销售也急剧萎缩。

　　对于一心想在陶瓷行业大展身手的苗峰伟来说，成功造出高品质的钧瓷之后就是如何卖的问题了。苗峰伟认为，钧瓷如果只在神垕这个地方卖肯定做不大，只有走出去才能真正看到钧瓷的价值。

　　1998 年，苗峰伟抱着自己烧制的两件钧瓷珍品，来到郑州参加郑交会，开始了荣昌钧瓷的第一次对外宣传。

　　会上，钧瓷的魅力吸引了来自四面八方的目光，就连当时的省委书记也亲自到他们的展台参观，这让苗峰伟欣喜不已。

　　郑交会的成功推介鼓舞了苗峰伟，之后，他开始在各种媒体投放广告，他也成为神垕陶瓷行业中在户外媒体、杂志做广告的第一人。

　　1999 年，昆明世博会召开。从郑交会尝到甜头的苗峰伟又带着《飘雪》来到世博会会场。在世博会上，钧瓷一露面，就引起了轰动，《飘雪》也因此获得了金奖。

经过两次展会的成功推介，苗峰伟感受到要做一个好的企业必须有一个好的品牌，而要成为一个好的品牌则不能放过任何一次营销推介的机会。2003年，荣昌钧瓷坊开发的《祥瑞瓶》，被博鳌亚洲论坛秘书处选定，成为送给当时参会的巴基斯坦总统穆沙拉夫、新加坡总理吴作栋等国家政要的重要礼品。

2004年，博鳌亚洲论坛再次选定荣昌钧瓷为国礼，而苗峰伟则进一步延续着他的"事件营销"思路。

2005年，苗峰伟特意邀请龙永图到神垕，为当年博鳌亚洲论坛选定的国礼《华夏瓶》的烧制，成功举办了一场盛大的仪式，将"事件营销"的思路发挥到极致。

从此，荣昌钧瓷开始走出国门，吸引世界人民的目光。

如今的荣昌钧瓷，占地面积已经达到了12000平方米，建筑面积6000平方米，现有员工280名，拥有省级以上工艺美术大师12人，已经着实发展成了一家颇具规模的大企业。

二、砸出的第一桶金

苗峰伟，1970年2月出生于河南禹州市，郑州市煤炭管理干部学院劳动经济专业毕业，经济师，现为禹州市荣昌瓷业有限公司董事长。

苗峰伟出生在"钧瓷之乡"许昌神垕镇，神垕镇是驰名中外的钧瓷文化发祥地，这里有五千多年的陶瓷文化积淀，北宋后期宋徽宗曾在此设立官窑。

跟神垕所有土生土长的农家娃一样，苗峰伟小时候见得最多的就是钧瓷，听得最多的也是关于钧瓷的故事。

但从小的耳濡目染，并没有让苗峰伟对钧瓷产生兴趣。因为到处都是，周围的人也都能做，苗峰伟并不觉得它多么珍贵。

一次偶然的谈话改变了苗峰伟的想法。在一次与朋友的交谈中，苗峰伟自我介绍是禹州神垕人，这引来了朋友的一阵感慨，人们都说苗峰伟真有福气，能整天看到那么多"国宝"。

苗峰伟这才意识到钧瓷的价值，他想自己创业，让更多的人了解钧瓷，爱上钧瓷。

于是，1995年，苗峰伟从郑州煤炭管理干部学院毕业后，毅然放弃了很好的就业机会，白手起家开始做钧瓷。

他和七、八个国有瓷器厂的技术员凑了 7 万元，成立了荣昌钧瓷坊。对于有很多道工序的钧瓷生产工艺来说，苗峰伟和其他技术员一样，掌握的东西远远不够，向老艺人请教和揣摩钧瓷生产工艺成了他们每天必做的功课。

但是，事情还是没有想像的那样顺利。由于技术不精，接下来的两年时间内，苗峰伟和他的合伙人烧的钧瓷全部成了废品，7 万元本钱不仅花完了，还欠下银行上百万元的贷款。

渐渐地，苗峰伟当年的合伙人也大多离他而去，他差点成了"光杆司令"。关于他的流言蜚语也多了起来，人们都说他"胡闹"、"瞎搞"，但苗峰伟没有动摇，他顶着流言蜚语，硬着头皮撑了下去。

1997 年，在一个大雪纷飞的冬天，经过千百次的试验，苗峰伟终于做出了一件完美的钧瓷作品，他特意给自己第一件成功的作品取了个富有诗意的名字——《飘雪》。从那天起，苗峰伟做钧瓷的劲儿更足了。

要生产一件好钧瓷并不容易，业内有"十窑九不成"的说法。为了出精品，砸瓷成了苗峰伟每年都要做的事情。

烧制钧瓷必须选用神垕镇大龙山特有的矿石，要经过配料、制坯、干烧、上釉、入窑等大大小小 72 道工序，每一步出一丁点问题都生产不出好的钧瓷。

极低的成功率加上创业初期技术的不成熟，堆积在苗峰伟周围的次品成了一座座小山，每件产品只值几元钱。当时有人建议，将这些钧瓷卖了还可以收回一点成本。

但苗峰伟做出了一个大胆的决定：全部砸掉，一件不留。同时，他还在公司内严格规定，任何人决不许带出去一件次品，违者一律开除。

苗峰伟认为，古人每年都只向皇宫提供 36 件钧瓷，他们都敢砸掉那么多，为什么自己不能？

其实苗峰伟很清楚，钧瓷不同于衣服、冰箱等大众消费品，钧瓷只属于小众消费者。所以，钧瓷不必靠数量多去挣钱，要靠质量，走精品化路线，卖得越少价格就越高。

为了提高荣昌钧瓷的"含金量"，砸瓷成了苗峰伟每年都要做的事情。而这也为荣昌钧瓷树立了良好的企业形象，一位客户看好了荣昌钧瓷的高品质，一次性订了 3 万元的产品。

从此，荣昌钧瓷走出了困境，苗峰伟也收获了人生的第一桶金。

三、"中国奢侈品品牌"背后

2010 年 4 月，在中国元素奢侈品首届年会上，以创作钧瓷国礼《祥瑞瓶》、《乾坤瓶》、《华夏瓶》等闻名于世的荣昌钧瓷当选"中国十大奢侈品品牌"。

荣昌钧瓷一举成名，但名誉的背后，苗峰伟付出了很多，正是多年来，他坚定地走精品化和品牌化之路，荣昌钧瓷才有了今天的成就。

1. "砸"出精品

宋代的钧瓷之所以达到鼎盛，有一个重要的原因，就是当时的砸瓷政策，宋代的神垕镇每年烧制成功的钧瓷也有成千上万件，但只精心挑选出 36 件进贡皇宫，其余都要在知府监督之下，全部砸碎深埋，绝不留下一件。

所以，在苗峰伟看来，很多人提出的"让钧瓷走进寻常百姓家"不是荣昌钧瓷坊的发展之路。

从此，苗峰伟开始坚持自己的"精品化"理念，荣昌生产的所有作品即使只有一点细微的瑕疵，也决不允许出厂销售，所有的次品必须全部砸碎。

事实证明，他的策略是对的，产品做精以后，订单就接踵而来。

2. 走品牌化经营之路

在"精品化"理念得到市场的认可之后，苗峰伟并没有停止步伐，而是开始了新的思考。

苗峰伟认为，要想做好荣昌钧瓷，必须搞品牌化经营，要采取品牌化运作的方式，把荣昌打造成一个世界性品牌，渗入到世界文化中。

荣昌钧瓷坊也就是从那时起，提出了一个新的理念：做钧瓷是做作品而不是做产品，好的作品必须有内在的品质。荣昌钧瓷坊不仅是在烧瓷、卖瓷，而是在推销一种文化、一个品牌。只有树立品牌意识，钧瓷才有可能成为国内的知名品牌，进而走出国门，走向世界。

3. 推介钧瓷文化

为了让更多的人了解钧瓷，2007 年，苗峰伟在北京开办了大宋钧窑博物馆，成为五大名瓷中第一个单一瓷种在北京开办的博物馆。

大宋钧窑博物馆成为更多人了解和走进钧瓷的交流平台，很多外国人也纷纷光顾博物馆，更多的人开始走进钧瓷、了解钧瓷。

维珍顽童理查德·布兰森：
"我是处女，我怕谁?"

有人称他是疯子；有人说他的成功是奇迹；有人说他放浪不羁的背后却藏着一颗坚毅的心。可他却满不在乎地说："经商方面，我是处女，我怕谁?"

他就是维珍唱片的创始人理查德·布兰森。

2010年，这位不羁的顽童登上了福布斯全球富豪榜的第277位，身价32亿美元。

一、维珍顽童的不羁传奇

1972年，理查德·布兰森在英国各地开设了数家维珍音带连锁店，并成立了一间音带录制室。

1973年，首张录制的迈克·奥德菲尔德的《管钟》专辑一炮打响。随后，菲尔·柯林斯、博伊·乔治、滚石等大牌明星和乐队纷纷与之签约。其后的10年间，维珍唱片在英国娱乐界成为了举足轻重的品牌。

维珍是英文Virgin的中文直译，其意思是"处女"。因此，它的创始人布兰森也常拿这个名字开玩笑："经商方面，我是处女，我怕谁?"

的确，这个在唱片界获得成功的顽童并没有罢休，而是大胆地向各个领域进军。

进入到80年代，当布兰森的维珍唱片和零售业取得巨大成功的时候，布兰森不是考虑怎样继续拓宽唱片的销路，而是把眼睛盯向了航空业。

这简直就是不自量力！他的朋友们都认为他疯了。几大航空公司都已经达到饱和，哪还有别人插手的地方？可是这就是布兰森的难能可贵之处，他的叛逆，叫他"偏不信这个邪"！

1984年，理查德·布兰森凭借租用的客机和"让旅客花最少的钱，享受最高级的服务"的理念，计划将"Virgin"在娱乐业的成功经验和价值取向引入航空运输业。

布兰森后来回忆说："30秒钟我就能判定一个人，同样地我也会在30秒钟内判定某份商业计划，比起大量的统计数据，我更多地依赖直觉。这或许是因为我的阅读障碍症，我不信任数字，觉得它可能歪曲事实。虽然经营维珍航空的想法触动了我的想像，但是我必须弄明白潜在的风险。"

经过力排众多董事会董事的不赞同和为期三个月的紧张筹备，第一个维珍大西洋航空公司的航班，终于从伦敦加特飞机场起飞，这标志着"维珍"向航空业的进攻全面展开。

这在当时被很多业内人士看作是"自杀行为"。为此，他还不惜与英国航空业老大英航打了一场轰动一时的官司。最后，他赢得胜利，保住了在大西洋两岸的运营权。

而布兰森近乎疯狂的决定，其成果就是——到1986年，维珍已经成为英国最大的私人公司之一，大约有4000名员工；1986年7月，维珍当年的年销售额是1亿8900万英镑，而前一年是1亿1900万英镑，增长了约60％，税前盈利也从1500万英镑增加到1900万英镑。

但是布兰森的脚步并没有随着迅猛上涨的数字而停止，在他看来，钱的唯一作用就是可以换来新的挑战！

1994年，布兰森又成立"维珍可乐公司"，目前维珍可乐在欧洲的销售量比百事可乐还要多；1996年成立了维珍铁路公司，并雄心勃勃地要将其发展成为全欧洲服务质量最好的公司；1999年宣布成立维珍电信公司，并致力使其成为全球性的移动电话公司。

进入移动通信行业时，布兰森认为建网不如租网，于是将自己的品牌借给了英国第五大移动电话运营商One 2 One公司，成为第一家没有自己网络基础设施的移动电话运营商。

他的一系列做法让商学院的专家们困惑不已。即使到了现在，他们仍然认为布兰森的做法是"撞了大运"。

布兰森卖过唱片，做过航空运输，搞过铁路生意，还生产饮料，之后又搞起了电信……谁能看得出来这些业务中有什么关联吗？这让英国各大商学院的教授们摸不清、猜不透。

布兰森在鼎盛时期控制着全球500多家公司，涉及各行各业，不管你做什么行业，你总是可以和布兰森的公司合作，维珍顽童就是这样创造了一个个财富传奇。

二、创办《学生》杂志，收获第一桶金

像很多普通的孩子那样，理查德·布兰森从小学习就不好。也许是"笨"，但也许是真的对学习没什么兴趣。可是，他却有着一个特殊的童年生活。据他自己后来回忆：

"我的童年现在某种程度上成为我的污点，但还是有几件无法忘怀。记得那时我的父母让我们面对一连串的挑战，妈妈更是锻炼我们自立。当我4岁时，她把车停在离家几英里外的地方，让我自己穿过田地回家，结果我无助地迷路了。"

其实，正是布兰森母亲对他自立意识的开发，才成就了布兰森的今天，因为在很小的时候，他就懂得：这个世界上没人让你靠，万事只能靠自己。

17岁那年，他拿着母亲所给的作为邮资和电话费的4英镑，与一个朋友在半间地下室里创办了一份面向年轻人的《学生》杂志。

对于《学生》，少年布兰森认为它应该是自我中心的产物。而当时20世纪60年代正是甲壳虫、嬉皮士横行的时代。学生们被社会中种种的不公平和限制所激怒。在伦敦，几乎每隔几天都会有学生去通过示威、静坐来向政府抗议。

《学生》杂志的定位正是这样一个崇尚个性、传播他们新的价值观的"发声筒"。

刊物发行后立即引起了轰动。名噪一时的摇滚巨星滚石乐队主唱米克·贾格尔和甲壳虫主唱约翰·列侬都曾接受过该杂志专访。列侬还专门为该刊创作了一首歌曲。

几年后，《学生》面临困境。布兰森又突发灵感，决定在该杂志的封底做广告，低价邮售音乐带。由于当时英国专卖店销售音乐带的价格昂贵，他的创举引起了极大反响，订单源源不断地寄来。

就这样，这位不羁的少年，凭借着对个性的追求，赚得了事业的第一桶金。

三、嬉皮商人的成功启示

在20世纪的企业界，维珍始终散发着独特的光芒，而维珍的创始人理查德·布兰森正是发光点。在商界人们形象地称他为"嬉皮商人"，他的成功，给人们带来了不少启发。

1. 勇于开拓新领域，但并不盲目

我们所见的是维珍一次次令人咋舌的品牌延伸活动，如果就此认为它可以随心所欲仅靠时机和幸运就做到了这点，那是对维珍的一种误读。

其实布兰森制订了非常严格的行业介入标准，比如项目必须有创新性、挑战性，有竞争优势、高质量、高回报等。同时反观国内一些企业，或是缺乏开拓精神，固守陈规，或是盲目扩张以致破产。

2. 敢于挑战市场领导者

挑战比自己实力更强的对手几乎成了布兰森给维珍的信条之一，同时也是其成功的重要之道。正所谓："不想当将军的士兵不是好士兵!"我们应当有争当领先者的气魄，当然同时需要实力作后盾。

3. 乐于承担风险

毫无疑问，企业家骨子里都有冒险家的精神。在不确定的市场环境里，要乐于承担风险，因为高风险往往与高回报形影相随。比如，布兰森当初力排众议进军航空市场就是承受了非常大的风险。

如果在机遇面前裹足不前，瞻前顾后，只会置企业于更大的风险中。

4. 高度重视品牌的力量。

可以说维珍的品牌是企业唯一重要的资产。维珍之所以可以横跨200多个领域成功经营，品牌的力量是关键。

比如，维珍在进入化妆品行业时，最初投入只有1000英镑，而与它持有相同股比的合伙人Victory却投入了2000万英镑。若没有维珍品牌的魅力，谁愿意这样的合作呢？

无论如何，这个令人咋舌的顽童理查德·布兰森创造了一个奇迹——一个冒险家、多项吉尼斯世界纪录的保持者，扛起了一个非凡的商业帝国。

"报业大王"默多克：
在英国的报纸收购战

他的知名度，绝不亚于美国总统奥巴马或是"雷人教母"Lady Gaga，他是世界上最大的跨国媒体集团的大老板；他曾买下悉尼、英国、美国几乎所有的报纸；他也曾因收购道琼斯而让世人惊叹不已。

他就是有"世界传媒大王"之称的鲁伯特·默多克，这位老人在重重困难面前，却凭借对父亲的承诺书写下了一段传奇人生，缔造了一个传媒王国，诠释了一种创新精神。

默多克诠释了一句成功的真理：经营媒体，也要学会做生意，出价要足够高，并且抓住时机，才能真正取得你想要的。

这也许就是默多克从"经营亏损严重的报纸"到"报业大王"的成功秘诀吧！

一、"传媒大王"的财富轨迹

1931 年 3 月 11 日，鲁伯特·默多克出生于澳大利亚的墨尔本以南 30 英里的一个农场里。默多克的父亲是一名战地记者，拥有澳大利亚 4 家报纸。

1952 年，默多克的父亲因心脏病去世了。此时的默多克正在英国牛津大学读书，接到消息的他，赶紧赶回家中处理后事。

然而，清算之后，默多克发现他父亲的几家报纸处于亏损状态，于是他设法保留住了《星期日邮报》和《新闻报》两份报纸，并且努力使《新闻报》开始盈利。

同时默多克开始筹措足够的款项，他想要收购位于帕斯市处于亏损的《星期日时报》。默多克将阿德莱德一些记者和编辑调往帕斯，通过对人员的调整，使该报纸重获生机。

与此同时，悉尼的报业三大家族之一诺顿的《镜报》也由于经营不善，转让给了费尔法斯特。费尔法斯特用尽了各种办法，也没有使其盈利。

面对着这样一个只亏不赚的《镜报》，默多克却以 400 万美元的价格买下了。除此以外，默多克还获得了多家印刷厂。不久，默多克开始筹划创办澳大利亚第一家全国性报纸。

1964 年 7 月 14 日，《澳大利亚人报》正式发行。第二年其发行量达到75000 份。

1968 年秋，英国最大的星期日周报《世界新闻报》开始转手，这份报纸属卡尔家族，以发布黄色内容著称。当年 10 月，默多克购买了该报 40％的股份。

在默多克看来，报纸地位下降的原因是教育水平的提高与电视的普及。人们的教育水平提高了，电视也被越来越多的人搬进了家，但报纸却一直没有更大的进展，这才是导致人们不消费的原因。

默多克为了让该报重获新生，开始大量发布骇人听闻的信息。半年之后，默多克将卡尔赶下台，占有了 49％的股份，成为了主席。

然而，默多克并没有被一份周报满足，此时，左翼报纸《太阳报》因为销售量从 150 万下降到 85 万，面临出售的局面。默多克得知马克斯韦尔已经开始了谈判，于是赶在他之前以 150 万元买下了《太阳报》。

默多克将《太阳报》改办成了《世界新闻报》的每日版，并且以文摘类的文章为主。此后，默多克除了周报，还多了一份日报。默多克从澳大利亚调来有经验的文摘文章编辑，加入《太阳报》的内部队伍，并且加大促销力度。

在这些措施下，太阳报成为了一份独树一帜的新颖报纸。年销售量迅速攀升至 200 万份。到 20 世纪 80 年代至 90 年代初期，《太阳报》成为日销量最大的英文报纸。

1972 年默多克又收购了悉尼报业三大家族之一帕克的《每日新闻》和《星期天电讯》

接下来发生的事情，却更加的疯狂。1973 年，默多克在美国用 1970 万美元，收购了哈特·汉克斯报系三家报纸。而这些钱都是默多克在英国和澳大利亚的报纸集团赚来的钱。

此后，默多克沿用老办法，力推爆炸性新闻，加大宣传力度，于是报纸的发行量逐渐提高。他还发现，美国报纸更关注广告收入而非发行量。

1976 年底，默多克收购《纽约邮报》后，又花了 1200 万美元创办了一份周报《国民之星》。但事情并非一帆风顺，默多克的老办法并没有使《国

民之星》盈利。当默多克发现该报纸没有盈利之后，他立刻从澳大利亚抽调人手，把其变为名为《星》的彩色杂志。

不久，该杂志就获得了大量广告收入。后来他又买下了《纽约》杂志《乡村之声报》和《新西部》。每当默多克买下新的报纸后，他总是想方设法将其转变为文章短小，标题鲜艳的出版物。

1981年2月默多克又完成了对《泰晤士报》的收购。

他又于1982年买下《先驱美国人报》，并将其改名为《波士顿先驱报》，第二年又收购芝加哥《太阳时报》。

直至2007年8月1日，默多克以每股60美元共计50亿美元的价格收购道琼斯集团，现今，他又提出将传统纸媒与现代互联网相结合的观点。他一直在传媒界创造着一个又一个奇迹，将他的帝国涉足世界的每一个角落，被世人誉为"报业大王"。

二、报纸改版，换来第一桶金

默多克在家里四个孩子中，排行老二，也是全家唯一的男孩。

默多克出身于一个传统的基督教家庭，从欧洲移民澳洲后，他们过着比较富有的殖民生活。默多克就是在传统的欧式教育和开放的移民生活环境中成长起来的。

1943年到1945年，默多克一直都在美国军队中服役。他在军队中担任射击教官。第二次世界大战结束以后，默多克复员回到了自己的家乡——堪萨斯市。

1949年，默多克来到了英国，就读于牛津大学的伍斯特学院，开始了正规的文科学习。默多克热衷于当时风起云涌的政治运动，他阅读了几百个成功人物的传记。当时的默多克，视野开阔，雄心勃勃。

1952年深秋，默多克的父亲病故，年仅21岁的默多克，只身回到澳大利亚，开始在澳大利亚内陆的穷乡僻壤开拓自己的事业。

默多克说服了母亲，保住了两份报纸没有转让。他又到伦敦《每日新闻报》参加了简短的培训，他知道自己资历尚浅，还没有办法完全担起父亲留下的担子。

参加完培训，默多克以最快的速度返回澳大利亚后，担任起了《新闻报》和《星期日邮报》的出版人，这是在1953年，此时的默多克刚满22岁。

默多克所在的阿德莱德的人口已接近50万，成为仅次于悉尼和墨尔本的澳大利亚第三大城市。默多克认准阿德莱德肯定有报纸的市场。

默多克开始认真地整理父亲所留下的《新闻报》，他发现父亲生前尽管是个天才的记者，却并不是个真正的企业家，报纸几乎没有盈利可言。

年轻的默多克立刻全身心地投入报纸的日常工作，拟定标题，重新安排版式设计。为了让报纸能够盈利，默多克抓好每一个细节。

看到默多克的人都说，他工作起来就像发疯，写文章，定标题，设计版面，捡字排版，样样他都亲自插手。他不管董事会其他成员或有关编辑的反对，他会坚持以自己的方式干下去。

几年下来，默多克将《星期日邮报》同最大的竞争对手《广告报》合并，并且使《新闻报》获得极大成功，他也因此赚得了人生的第一桶金。

三、给年轻人的七条忠告

时至今日，鲁伯特·默多克的成功依旧是不可复制的，从英国收购战，到收购道琼斯，再到电影公司，甚至现在70多岁的他还在领导纸质传媒进军互联网，但是他却教会了我们一些浅显易懂的道理。

也许这些道理说起来，谁都会知道，可是这些使鲁伯特·默多克缔造了一个王国的宝贵财富。真正做到的，还是只有鲁伯特·默多克，所以他成功了。

第一条忠告：面对人生，要给自己树立一个目标，不管大小，并为这个目标奋斗，只有为自己目标坚持不懈的人，才更容易成功。

第二条忠告：也许你不会一帆风顺，但是面对风浪，我们需要冷静地处理当下的问题，而不是张皇失措。

第三条忠告：爱你的家人，有时候，也要学会为他们做一些改变，因为家人才会永远支持你，包容你，默默爱你。

第四条忠告：要时刻警惕局势的变化，不要给你的对手可乘之机。

第五条忠告：要想超越前人或者改变现有的状况，那么只有你先了解当下的情况，才能做出行之有效的方案和策略。

第六条忠告：任何产品是要迎合消费者的口味，而不是你的口味！

第七条忠告：不管什么行业，都要跟得上时代的脚步，至少70多岁的默多克还在一直这么做。

"脱口秀"女王奥普拉：
"要是说话能挣钱就好了"

人们时刻关注着她主持的节目的动向，害怕没有了她的谈话节目，生活将变得单调无聊；由她主编的杂志，200 多页内容有八成是广告，却仍然吸引 250 万读者；"9·11"后，她的节目成为安定民心的镇静剂；从问题少女到"心灵女王"，她的故事成为美国著名大学 MBA 课程的个人成功教材。

她就是美国脱口秀女王——奥普拉。

一、打造自己的传媒帝国

1986 年，奥普拉的脱口秀节目正在成为全美最受欢迎的节目，一次偶然的机会，她遇到了美国娱乐界律师杰夫·雅各布斯。

他劝说奥普拉，为别人打工不会使她真正成功，必须组建自己的公司。节目再火，她也只不过是一个主持人，只是电视节目里的一个角色。但倘若创办自己的公司，就可以将《奥普拉·温弗里脱口秀》作为产品来经营，为自己产生源源不断的收入。

奥普拉醍醐灌顶，为了全身投入新的事业，她告别了《奥普拉·温弗里脱口秀》，开始经营自己的事业。

她与雅各布斯合伙成立了哈普娱乐集团，自己任董事长，雅各布斯任公司总裁。两人开始打造一个以《奥普拉·温弗里脱口秀》为核心产品的公司，公司制作脱口秀的内容，将播映权卖给美国广播公司。

如何确保全国 130 多家电视台愿意播出奥普拉的节目？雅各布斯将主流人群锁定在中年、知识水平不高的普通民众，尤其是女性观众，并继续像过去一样将"心理诊疗"作为脱口秀的金字招牌。

奥普拉常常邀请著名的心理医生到场，让嘉宾在节目中公开个人生活中最隐秘的角落。她在镜头面前自揭伤痛的坦诚，甚至让众多名人都不会再有所隐瞒。

　　迈克尔·杰克逊曾在她的节目中公开指责那些批评他的人，并诉说患有白癜风带来的痛苦；希拉里曾在她的节目中承认，在克林顿就职美国总统当日，自己与他发生激烈争吵，并怒摔台灯砸向克林顿。这些鲜为人知的名人故事，甚至是隐私，更使节目的收视率不断攀升。

　　基于《奥普拉·温弗里脱口秀》的成功，哈普娱乐集团还推出了一档电视读书节目《奥普拉读书会》。这个节目大受欢迎，甚至被戏称为出版界的"奥斯卡"。经奥普拉推荐的图书，无一例外地都能进入最佳畅销书排行榜，销售量会增加 10 倍！

　　既然在《奥普拉读书会》中推荐的书本本畅销，为何不自己办一本杂志，向出版业进军？奥普拉又有了新的想法。

　　但当时一些出版业专家并不看好奥普拉的想法。他们认为，一本成功的杂志通常需要 5 年左右的时间才能实现盈利，创办杂志能否成功尚是未知，长期的投入甚至还可能把她的脱口秀拖垮。

　　然而，奥普拉清楚地把握住了自己的优势，相比杂志的常规创办过程，她的杂志如果借用"奥普拉"这个品牌，就可以省去漫长的品牌酝酿和塑造过程。

　　2000 年春，奥普拉办起以自己名字命名的《噢，奥普拉》杂志。杂志每期都以奥普拉自己为封面人物，"心灵导师"的风格贯穿杂志内容的始终。

　　她为《奥普拉·温弗里脱口秀》设立专栏，除刊登一些脱口秀的访谈内容外，还会以自己的经历和挫折激励读者，该杂志是一部"个人成长指南"般的时尚月刊，也成了电视节目在平面媒体的延伸。

　　事实证明，奥普拉的拥护者愿意继续为她的疯狂买单，杂志创刊号印刷了 100 万册，几天内就被抢购一空，打电话到公司要求订购的读者越来越多。奥普拉不得不增印 50 万册，但很快又销售告罄。《噢，奥普拉》创刊号的发行量一举跻身美国杂志排行榜前 5。

　　《噢，奥普拉》让那些轻蔑的媒体专家们大跌眼镜，创刊当年即收得 1.4 亿美元入账。奥普拉的个人财富也迅速累积。2003 年，她以 10 亿美元的净资产，成为福布斯全球富豪榜上的第一位黑人女性。

　　《噢，奥普拉》只是哈普娱乐集团多元化的第一站，奥普拉和雅各布斯的战略是，以《奥普拉·温弗里脱口秀》为核心，延伸和辐射至其他媒体业务，比如杂志、电影制作、有线电视和网站等，各个业务之间紧密协作，编织成一张庞大的媒体网络。

这张大网还可以让各个媒体在商业运作的过程中相得益彰。2005年3月，哈普娱乐集团制作的电视电影《凝望上帝》在美国广播公司首播。

为配合电影宣传造势，奥普拉特意邀请主演哈莉·贝瑞担任《奥普拉·温弗里脱口秀》的嘉宾；不仅如此，《噢，奥普拉》还刊登了一篇关于电影介绍、幕后花絮的专文，而电影预告也同时被放在奥普拉的个人官方网站上。

巡回演讲是奥普拉扩展生意的另一重头戏。她以"过最好的生活"为题举办巡回演讲，依旧秉承脱口秀"心灵鸡汤"式的教导风格，尽管门票价格高达185美元一张，但奥普拉的粉丝们仍然趋之若鹜。

在美国各大城市，奥普拉吸引了总共8500名粉丝，演讲的票房一举突破了1600万美元。

奥普拉的传媒帝国业已成型，而她也因此赚得盆满钵满。2009年福布斯全球富豪榜上，奥普拉以23亿美元的身价成为了美国传媒界身价最高的主持人；她在《财富》杂志评选的"最具影响力的50位商界女性"中位列第六，甚至超过了雅虎CEO卡罗尔·巴茨、时代公司董事长安·摩尔等巨头企业的领袖。

二、"秀"出第一桶金

1954年1月29日，奥普拉出生在美国南方密西西比州一个贫困落后的小镇，她的母亲是一名女佣，父亲是一名军人。生下奥普拉之后，年轻的父母也没有结婚，反而劳燕分飞。

由于疏于管教，十几岁的奥普拉成了一名问题少女，她自暴自弃，很多人都觉得她这辈子都没希望了。

奥普拉14岁时，无力管教好女儿的母亲将其送去与父亲弗农·温弗里同住。弗农是一个非常严厉的父亲，他规定奥普拉每周读完一本书，而且还要写一篇读书报告。在父亲的严格管教下，问题少女逐渐成长为成绩优异的好学生。

17岁时，奥普拉赢得了一场在田纳西州纳什维尔市举行的黑人小姐选美比赛，并在参观纳什维尔市广播电台时得到了尝试播报新闻的机会。随后，她成为了纳什维尔市首位黑人女播音员。

1972年，奥普拉考上了大学，进入田纳西州州立大学主修演讲和戏剧。1976年毕业时，由于成绩突出，奥普拉成为了一家电视台的驻外记者。

但在电视台的工作并不顺利，她比较感性细腻，在报道一些新闻事件时过于感情用事，经常忍不住流泪，而这恰恰不应该是客观冷静的新闻报道者应有的性格。

电视台领导以"太不专业"为由降了她的职，9个月后，她因难以适应工作环境而离开了自己的岗位。

当时，这家电视台的负责人丹尼斯·斯万森慧眼识英才，看到了奥普拉身上的潜质。1984年，他开始启用奥普拉来主持当时收视率最低的早间脱口秀节目《芝加哥早晨》。

没想到，奥普拉的口才在这里得到了充分发挥，仅仅一个月，奥普拉独特的主持风格就使这个节目起死回生，收视率也节节攀升，成为电视台最受欢迎的节目。第二年，节目正式更名为《奥普拉·温弗里脱口秀》。

1986年，《奥普拉·温弗里脱口秀》成为全美最受欢迎的节目。在节目中，奥普拉总是能以智慧、幽默、真诚的话语打动观众的心，《奥普拉·温弗里脱口秀》每周有2200万美国人收看，在世界上105个国家与地区播出，成为电视史上收视率最高的访谈节目，奥普拉也成为无可争议的"脱口秀女王"。

极高的收视率为电视台带来了丰厚的回报，《奥普拉·温弗里脱口秀》的广告费成为支撑电视台的重要力量，奥普拉的财富也开始飙升。

这个曾经希望"要是说话就能挣钱就好了"的小女孩，终于凭借自己出众的口才，在"脱口秀"里掘下了人生的第一桶金。

三、"心灵女王"的领导力

奥普拉不仅是一个口才出众的"脱口秀"女王，还是一名出色的领导者，她有着独特的激励团队的能力，而且能够让她的团队有很好的执行力，帮助自己吸聚人气。

奥普拉的领导才能主要体现在三方面：用人、梦想、价值观。

1. 善于用人

奥普拉的人才战略很简单，就是任用那些聪明、有思想、能够维护她和观众关系的高级人才。

奥普拉把观众当成自己的客户，她能够把自己以及自己的节目融入到观众之中，与观众打成一片，这意味着她拥有了一个坚实的支持团队，保证她长盛不衰。

2. 运用梦想的力量

作为一个领导者，奥普拉前进的最主要动力就是让梦想变成现实。有了这个梦想，她才有了激励别人努力工作的平台，她才能与周围的人进行沟通，说服他们坚决地执行自己的指令。

3. 发挥价值观的导向作用

奥普拉有着积极向上的价值观，并且能将这种价值观注入到她的每一项事业中。这也是她获得成功的一个重要原因。

奥普拉总是说要让大家"过上最好的生活"，这使她受到了人们的热烈追捧。自私的领导很快就会被下属抛弃，而奥普拉的幽默、乐观和慷慨却让她赢得了所有下属的最高敬意。